湖南省高校思想政治工作专项资金资助

湖南省高校思想政治工作骨干队伍建设项目（20GG018）

新时代高校文化育人理论与实践研究

任永辉◎著

贵州出版集团

贵州人民出版社

图书在版编目（ＣＩＰ）数据

新时代高校文化育人理论与实践研究 / 任永辉著
. -- 贵阳：贵州人民出版社，2023.2
　ISBN 978-7-221-17542-7

　Ⅰ.①新… Ⅱ.①任… Ⅲ.①高等学校 - 文化素质教
育 - 研究 - 中国 Ⅳ.①G640

中国版本图书馆CIP数据核字(2022)第219909号

新时代高校文化育人理论与实践研究

XINSHIDAI GAOXIAO WENHUA YUREN LILUN YU SHIJIAN YANJIU

任永辉 / 著

出 版 人：朱文迅

出版统筹：陈继光

责任编辑：陈珊珊

装帧设计：斯盛文化

出版发行：贵州人民出版社（贵阳市观山湖区会展东路SOHO办公区A座
　　　　　邮编：550081）

印　　刷：长沙市天心区井岗印刷厂

开　　本：880×1230毫米 1/32

字　　数：150千字

印　　张：6.5

版　　次：2023年2月第1版

印　　次：2023年2月第1次印刷

书　　号：ISBN 978-7-221-17542-7

定　　价：65.00元

贵州人民出版社微信

前　言

文化传承与创新是高校的重要使命，加强校园文化建设、推进文化育人工作，对于全面贯彻党的教育方针，营造良好的育人环境和文化氛围，提升学校思想政治工作质量，推动中国特色社会主义文化繁荣兴盛，培养德智体美劳全面发展的社会主义建设者和接班人具有十分重要的意义。

高校要坚持以习近平新时代中国特色社会主义思想为指导，认真落实立德树人根本任务，坚守为党育人、为国育才，培育和践行社会主义核心价值观，坚持以文化人以文育人，增强文化自觉，坚定文化自信，努力建设基于凝心聚力的精神文化、基于熏陶体验的物质文化、基于自觉约束的制度文化、基于诚信敬业的行为文化，使学校成为传播和发展社会主义先进文化的重要基地、示范区和辐射源。

高校要深入开展中华优秀传统文化、革命文化、社会主义先进文化教育，繁荣校园文化，优化校风学风，培育大学精神，建设优美环境，滋养师生心灵，涵育师生品行，引领社会风尚。要坚持用习近平新时代中国特色社会主义思想教育人，用党的理想信念凝聚人，用社会主义核心价值观培育人，用中华民族伟大复兴历史使命激励人，教育引导大学生努力成长为堪当民族复兴大任的时代新人。

目录

第三章　文化育人的特色探微

第一章　文化育人的理论探讨

第一节　文化与文化育人概述

"文化"是一个非常广泛的概念，涵盖多个层次。《辞海》对文化的解释是"广义指人类社会历史实践过程中所创造的物质财富和精神财富的总和；狭义指社会的意识形态，以及与之相适应的制度和组织机构"。社会意义的文化概念指所有的人文现象，包括各种行为方式、态度、价值或信仰。高校要准确把握文化的内涵，深入推进校园文化建设，在文化传承与创新中育人。

一、文化

据考证，"文化"是中国语言系统中古已有之的词汇。"文"的本义，指各色交错的纹理。《易经·系辞下》载："物相杂,故曰文。"《礼记·乐记》称："五色成文而不乱。"《说文解字》称："文,错画也,象交文。"此中"文"均指此义。在此基础上，"文"又有若干引申义：其一，包括语言文字内的各种象征符号，进而具体化为文物典籍、礼乐制度。《论语·子罕》所载孔子说"文王既没，文不在兹乎"是其实例；其二，由伦理之说导出彩画、装饰、人为修养之义，与"质""实"对称，所以《尚书·舜典》疏曰"经纬天地曰文"；其三，在前两层意义之上，更导出美、善、德行之义，这便是《礼记·乐记》所谓"礼减而进，以进为文"。

"化"，本义为改易、生成、造化，如《庄子·逍遥游》中的"化而为鸟，其名曰鹏"。《易经·系辞下》中的"男女构精，万物化生"。《黄帝内经·素问》中的"化不可代，时不可违"。《礼记·中庸》中的"可以赞天地之化育"等。归纳以上诸说，"化"指事物形态或性质的改变，同时"化"又引申为教行迁善之义。

"文"与"化"并联使用，较早见之于战国末年儒生编辑的《易经·贲卦·象传》："刚柔交错，天文也。文明以止，人文也。观乎天文，以察时变；观乎人文，以化成天下。"这段话里的"文"，即从纹理之义演化而来。日月往来交错文饰于天，即"天文"，亦即天道、自然规律。"人文"指人伦社会规律，即社会生活中人与人之间纵横交织的关系，如君臣、父子、夫妇、兄弟、朋友，构成复杂网络，具有纹理表象。这段话的意思是，治国者须观察天文，以明了时序之变化，又须观察人文，使天下之人均能遵从文明礼仪，行为止其所当止。在这里，"人文"与"化成天下"紧密联系，"以文教化"的思想已十分明确。

西汉以后，"文"与"化"才合成一个整词，如《说苑·指武》中所说"圣人之治天下也，先文德而后武力。凡武之兴，为不服也。文化不改，然后加诛"，晋朝束皙的《补亡诗·由仪》中有"文化内辑，武功外悠"。这里的"文化"，或与天造地设的自然对举，或与"质朴""野蛮"对举。因此，在汉语系统中，"文化"的本义就是"以文教化"，表示对人的性情的陶冶、品德的教养，本来属于精神领域之范畴。随着时间的流变和空间的差异，现在"文化"已成为一个内涵丰富、外延宽广的多维概念，成为众多学科探究、阐发、争鸣的对象。

广义的文化着眼于人类与一般动物、人类社会与自然界的本质区别，着眼于人类卓立于自然的独特生存方式。曾长秋、张金荣编著的《世界文化概论》中指出，广义的文化包括四个层次：一是物态文化层，由物化的知识力量构成，是人的物质生产活动及其产品的总和，是可感知的、具有物质实体的文化事物。二是制度文化层，由人类在社会实践中建立的各种社会规范构成。包括社会经济制度、婚姻制度、家族制度、政治法律制度、家族、民族、国家、经济、政治、宗教社团、教育、科技、艺术组织等。三是行为文化层，以民风民俗形态出现，见之于日常起居动作之中，具有鲜明的民族、地域特色。四是心态文化层，由人类社会实践和意识活动中经过长期孕育而形成的价值观念、审美情趣、思维方式等构成，是文化的核心部分。

与广义的文化相对的是狭义的文化，它排除了人类生活中关于物质创造活动及其结果的部分，而专注于精神创造活动及其结果（《世界文化概论》）。1871 年，英国文化人类学家爱德华·泰勒出版的《原始文化》一书中提出了狭义文化的早期经典界说，即文化"是包括知识、信仰、艺术、道德、法律、习俗和任何人作为一名社会成员而获得的能力和习惯在内的复杂整体"。

《现代汉语词典》对"文化"的释义是：广义指人类在社会历史实践中所创造的物质财富和精神财富的总和。狭义指社会的意识形态以及与之相适应的制度和组织机构。作为意识形态的文化，是一定社会的政治和经济的反映，又作用于一定社会的政治和经济。随着民族的产生和发展，文化又具有民族性。每一种社会形态都有与其相适应的文化，每一种文化都随着社会物质生产的发展而发展。社会物质生产发展的连续性，决定文化的发展也具有连续性和历史继承性。

《中国大百科全书》对文化的界定是：人类在社会实践过程中所获得的能力和创造的成果。在中国古籍中，文化的涵义是文治与教化。广义的文化总括人类物质生产和精神生产的能力、物质的和精神的全部产品。狭义的文化指精神生产能力和精神产品，包括一切社会意识形式，有时又专指教育、科学、文学、艺术、卫生、体育等方面的知识和设施，以与世界观、政治思想、道德等意识形态相区别。

二、校园文化

校园文化是一种以学生为主体，以校园为主要空间，以反映青年学生特有的思维方式、行为方式、价值观念的文化氛围和精神状态，是校园内一切文化现象的总和，是学校广大师生在教学、科研、学习、管理等活动中，所共同拥有的物质文化和精神文化。校园文化是一种群体文化，它以学生为主体，以课内外文化活动为主要内容，以校园为主要空间，以校园精神为主要特征。

教育部共青团中央在《关于加强和改进高等学校校园文化建设的意见》中指出：高等学校校园文化是社会主义先进文化的重要组成部分。高等学校校园文化建设的主要任务是：以理想信念教育为核心，深入进行树立正确的世界观、人生观和价值观教育；以爱国主义教育为重点，深入进行弘扬和培育民族精神教育；以基本道德规范为基础，深入进行公民道德教育；以大学生全面发展为目标，深入进行素质教育。重视和加强校风建设，培育良好的教风和学风，形成对教职工具有凝聚作用、对学生具有陶冶作用、对社会具有示范作用的优良校风。积极开展校园文化活动，寓教育于文化活动之中，促进大学生思想道德素质、科学文化素质和健康素质协调发展。加强校园人文环境和自然环境建设，建造精神内涵丰富的物质文化环境，努力营造良好的育人氛围。

《中国大百科全书》对校园文化的界定是：高等院校各种活动中体现出来的大学生生活方式与精神境界。以大学生特有的心理素质、价值取向、思维方式等思想观念为核心，透过大学生的学习与日常生活，以及由大学生参与创办的各种类型的文化组织、设施和活动（如社团、报刊、杂志、讲座、沙龙、文艺体育活动及各种社团活动）所体现出来的，具有校园特色的人际关系、交往方式、行为模式、生活情趣和精神状态、文化氛围。

校园文化从其内部结构来解析，可以分为四个层次：

第一个层次是校园精神文化，它包括校园文化观念、学校传统，为校园大多数主体认可、遵循的共同的思想意识、核心价值观和生活信念等内容。

第二个层次是校园物质文化，它是学校发展中积累下来的外在的、显性的文化，如校容校貌、校园氛围、建筑雕塑、教学设施、校园绿化等。

第三个层次是校园制度文化，它既是文化活动的准则，本身又是校园文化的组成部分，主要包括校规校纪、学生工作条例、教学管理制度、人事制度、科研政策等。

第四个层次是校园行为文化，如教学科研活动、组织管理工作、课外文化活动、后勤服务等，除了包括师生员工的各种行为方式之外，还包括在此基础上形成的校风、教风、学风。

三、文化育人

中共教育部党组印发的《高校思想政治工作质量提升工程实施纲要》对构建文化育人质量提升体系提出的要求是：注重以文化人以文育人，深入开展中华优秀传统文化、革命文化、社会主义先进文化教育，推动中国特色社会主义文化繁荣兴盛，牢牢掌握高校意识形态工作领导权，践行和弘扬社会主义核心价值观，优化校风学风，繁荣校园文化，培育大学精神，建设优美环境，滋养师生心灵、涵育师生品行、引领社会风尚。

高校要围绕落实立德树人根本任务，推进以文化人以文育人，丰富文化育人的内涵，彰显文化育人的特色，引导师生切实增强文化自觉、坚定文化自信。要成立由党委书记和校长担任组长、分管校领导及相关部门负责人为主要成员的思想政治工作领导小组和文化建设领导小组，健全党委统一领导、党政齐抓共管、部门分工协作的文化育人工作机制。要将文化建设纳入学校综合改革方案、事业发展规划和"三全育人"综合改革试点实施方案，确定文化育人工作总体目标、重点任务和基本要求，制定文化育人工作方案，明确工作举措，努力将文化育人融入人才培养各环节和全过程，坚定师生文化自信。

坚定文化自信是高校贯彻落实习近平新时代中国特色社会主义思想，服务文化强国建设的必然要求。习近平总书记多次强调，要坚定文化自信，推动中华优秀传统文化创造性转化、创新性发展，继承革命文化，发展社会主义先进文化，不断铸就中华文化新辉煌，建设社会主义文化强国。高校要进一步明确自身在国家文化大发展大繁荣中的战略地位和责任，为推动中国特色社会主义文化大发展大繁荣、建设社会主义文化强国作出应有贡献。

坚定文化自信是高校坚守立德树人初心，牢记为党育人、为国育才使命的必然要求。高校肩负着培养德智体美劳全面发展的社会主义建设者和接班人的重大任务，只有坚定文化自信，加强对师生的文化自信教育，才能承担起为党育人、为国育才的重要使命。

坚定文化自信是高校推进文化传承创新，坚持以文化人以文育人的必然要求。文化传承与创新是高校的重要职能，校园文化是社会主义先进文化的重要组成部分，加强校园文化建设，坚持以文化人以文育人，增强师生文化自信，既是高校履行职责的应有之义，也是创新思想政治工作的迫切要求，对于推进高等教育改革发展、加强和改进大学生思想政治教育、全面提高大学生综合素质，具有十分重要的意义。

四、文化育人的功能

任世强在《光明日报》撰文指出：文化育人具有价值导向功能、情感激励功能、价值认同功能和情感陶冶功能，是目前见到的学术界对文化育人功能分析与阐述比较科学、准确、全面的成果，摘述如下：

价值导向功能。大学文化自身不是独立的，它依存在整个大学体系之中，但又影响与引领着整个大学体系的思维和行动。大学文化对大学生的发展方向也起到重要影响，控制和影响着学生的思维方式、价值判断、行为习惯，是每一个学生内心深处的精神需求和严格遵守的行为准则。在大学文化的引导下，大学生能够找到自己的精神家园，从而探寻大学的精神文化。而指引大学在学生培养过程中坚持正确的价值取向，是大学文化最重要的功能。高校的办学定位与发展战略、规章制度、人才培养目标、教学体系、学术规范、教风学风、课程设置、教学方式方法等因素，都是根据这一核心价值观所设定的。

情感激励功能。即当一种价值观得到高校师生的整体认同后，很有可能会变成一种黏合剂，可以把自己的成员从各个方面凝聚在一起，产生强大的凝聚力、向心力和促进力，迸发出群体和个人强大的能量，使其能够为高校的使命和学校的名誉勇往直前，开拓创新。

价值认同功能。大学文化每时每刻都在影响着师生的价值判断、教学理念、行为习惯和思维方式。通过文化认知的过程和对社会现实的分析，大学生能够塑造适应现实和社会发展需求的价值观。从价值观层面，大学文化限定了大学生对社会的认知，从而促使学生限制和调整自身行为。作为一个社会组织，大学的文化应该是其内部组织的全体成员都能够自觉遵守和实践的。

情感陶冶功能。大学无法被取代的力量，就是它的文化影响。大学文化对学生的影响带有深刻性、潜在性与持久性。除知识外，高校对于学生真正有意义的东西，就是高校及其周边的环境和生活。在这样的文化氛围中，大学生们接受着情操的陶冶、文化的沐浴、人格的升华和道德的洗礼。大学文化的真正价值就在于其文化氛围对大学生心灵的美化作用，大学给予学生们的除了知识之外，还包含道德观、价值观、思维方式、荣辱观、行为习惯等。这些虽然不一定是老师能够教导他们的，但一定依存于大学的浓郁文化氛围当中。

第二节　文化育人的现状调查

高校普遍高度重视文化育人工作，能深刻认识到大学文化是中国特色社会主义文化的重要组成部分，是大学的精神和灵魂，是高校赖以生存和发展的重要根基，是人才培养的重要载体和基本要素；能深刻认识到大学育人过程就是用大学文化影响、熏陶、教育学生的过程；能深刻认识到加强文化建设对于推进教育改革发展，加强和改进大学生思想政治教育，全面提高大学生综合素质的重要意义。因此，高校都能坚持以习近平新时代中国特色社会主义思想为指导，积极培育和践行社会主义核心价值观，大力弘扬中华优秀传统文化、革命文化、社会主义先进文化，并结合本校实际打造文化育人特色与品牌。

笔者通过线上线下相结合等方式，调研了解了省内外多所高校文化育人质量提升体系构建与实施情况，现将有特色的做法综述介绍如下。

宁波大学制定了《宁波大学文化育人工程实施方案》，重点实施八大文化项目建设：一是开展弘扬中华优秀传统文化系列活动，二是推动宁波帮文化宣传与研究工程，三是重点建设一批文化素质类的选修课，四是培育以"做人做事做学问"名家系列讲座为代表的品牌讲座体系，五是推进高雅艺术进校园，六是启动学院文化建设项目，七是建设感恩文化园，八是建设发展历程与创新成果馆。

东南大学围绕落实立德树人根本任务，推进以文化人、以文育人，丰富文化育人内涵，彰显文化育人特色，不断引导广大师生增强文化自信和文化自觉。一是系统设计、完善文化育人格局。确定文化育人工作总体目标、重点任务和基本要求。制定实施"弘文计划"文化育人工作方案，明确 14 项工作举措，努力将文化育人融入人才培养全过程。二是强化融入，健全文化育人体系。组织开展"中华赞"经典诵读大赛、"书香校园"经典阅读、"东南大学诗歌节"等系列活动，并开设以中华优秀传统文化为主要内容的专题课程和国学讲堂。实施"革命文化教育资源库建设工程"，挖掘红色校史文化资源及其育人内涵，着力打造红色文化育人载体。三是创新形式，提升文化育人实效。打造教育部中华优秀传统文化传承项目"梅庵派古琴"基地，每年举办人文大讲堂、"高雅艺术进东南"等上百场文化活动，持续开展大学生文化素质教育。与校外博物馆、纪念馆、陈列馆等共建一批社会实践和文化体验基地，组织大学生实地教学考察，增强大学生继承革命传统、传承红色基因的责任感。

河南财经政法大学坚持以文化人、以文育人，深入推进"文化厚校"战略，着力构建中华优秀传统文化、革命文化、社会主义先进文化协同育人体系，使之有机融入课堂教学、文化活动和校园环境中，让师生领悟"三大文化"精华、感受"三大文化"魅力、接受"三大文化"洗礼，立足文化传承，筑牢育人阵地，坚定师生文化自信；坚持以文化人，打造文化育人品牌，增强学校文化底蕴；倡导知行合一，提升文化育人品质。

重庆大学坚持人文精神与科学精神相统一，历史文化传承与时代精神弘扬相结合，坚持"引进来、走出去、升上去"的文化育人工作理念，深入开展中华优秀传统文化、革命文化、社会主义先进文化教育，扎实推进以文化人、以文育人。推进"高雅艺术进校园"提升艺术品质，弘扬"重大精神"优化校风学风，讲好"重大故事"涵育师生品行，打造"重大精品"滋养师生心灵，传递"重大力量"引领社会风尚，培根铸魂，践行和弘扬社会主义核心价值观，优化校风学风，繁荣校园文化，培育大学精神，建设优美环境，滋养师生心灵，涵育师生品行。

山东建筑大学坚持血脉传承，以文化自信继承优秀传统文化；坚持精神引领，以文化自信弘扬校园精神文化；坚持行为引导，以文化自信建设校园制度文化；坚持环境建设，以文化自信丰富环境文化；坚持多方育人，以文化自信指导文化活动。设立鲁班文化研究院，对在校学生开设鲁班文化课程，了解鲁班文化、鲁班精神……激励青年学生秉承鲁班精神，开拓进取，精益求精。结合所在地的区域文化和生态要求，规划了八大功能分区及一山、六园、十二景，建设了一条建筑文化景观带，实现了建筑文化与建筑科技的完美结合，见证了学校对传统文化的传承和担当，增强了学生的区域文化自信。

安徽建筑大学以建设高层次人文环境和高品位校园文化、培养高素质综合人才为目标，以"培育大学精神，打造品牌文化"为着力点，通过实施文化塑校工程，着力从"精神文化、制度文化、行为文化、环境文化、形象文化、活动文化、网络文化、校友文化"八个方面，营造浓郁的大学文化氛围，形成独特的大学精神，创造具有时代特征的校园文化产品，建设具有学校特色的校园文化载体，培育彰显大学精神的文化品牌，打造环境优美、格调高雅的校园文化环境，形成优良的学风校风，师生的归属感和凝聚力明显增强、学校人才培养质量和社会贡献力明显提升。

深圳职业技术学院是教育部职业院校文化素质教育指导委员会主任单位、秘书长单位，在多年实践基础上形成了书香文化三大系列"双子星"品牌，即：主题空间品牌"双子星"："国学馆"与"汽车文化主题馆"；书香活动品牌"双子星"："校园悦读季"与"深职读书月"；读书社团品牌"双子星"："读书人俱乐部"与"读者协会"。"汽车文化主题馆"与"国学馆"分别位于理工科集中的东校区与文科艺术类集中的西校区，形成了该校"一东一西，一现代一传统，一科技一人文，一咖啡一茶道"的主题空间格局。这两个平台鼓励创新，宣传科技文化，培育工匠精神，弘扬优秀传统文化，提升人文素养，两者星辉互映，融入到学校文化育人体系之中。"校园悦读季"与"深职读书月"两个品牌的活动覆盖上下学期，贯穿全年。前者活动侧重创新、互动、轻松的各类书香活动，后者侧重有一定深度、思想度、经典度的阅读共享与文化交流活动。"读书人俱乐部"与"读者协会"是校园内恒稳发展的社团。读书人俱乐部的活动包括读书交流、专题讲座、文化参观、户外踏青赏名篇、购书荐书、诗文朗诵会、戏剧电影音乐欣赏、名家座谈、好书评议等。俱乐部形成了很强的吸引力，现已拥有一批核心铁杆会员，许多活动召之即来。

滨州职业学院把文化育人作为工作的着力点，按照"传统继承性、时代前瞻性、整体统一性、学院特有性"原则，不断整合文化资源，组织实施校园文化建设"七大工程"："形象策划"工程、"载体建设"工程、"师德育成"工程、"文明养成"工程、"精品活动"工程、"平安创建"工程、"特色铸成"工程，精心设计和组织开展内容丰富、形式新颖、吸引力强的思想教育、学术科技、文娱体育等校园文化精品活动；充分利用重大节庆日和纪念日活动，开展特色鲜明、吸引力强的主题教育活动，唱响爱国主义、集体主义的主旋律，把德育、智育、体育和美育渗透到校园文化活动中，强化校园精品文化活动的育人功能，不断提高学生的综合素质。

浙江经济职业技术学院把人格的塑造、职业精神的培养摆在首位，充分挖掘中华经典诗文中蕴含的民族精神，化用诗教，创新载体，以文化人，以诗育人，用中华优秀传统文化提升现代职业素养，大力培养"专能精、通能强、高素质"的和谐职业人，并有效服务社会。依托中华诗教促进中心、中华诗词文化学院和"浙江省高校非物质文化遗产（传统诗词艺术）传承教学基地"，有系统、有计划地推进"校园诗教，和谐育人"传统文化教育工作，打造了"西湖梦寻"人文之旅、"爱我中华"诗词吟诵会、"诗国青春"诗词楹联灯谜会、"江南毓秀"名家书画笔会、"明德励志"文化讲堂、"诗韵佳节"传统节日进校园等文化育人品牌活动，促进了学生人格的全面发展，为社会培养了一大批专能精、通能强、素质高的和谐职业人。

东营职业学院坚持"学生中心、质量核心、特色品牌、开放融合、文化制胜"的优质高职院校建设路径，坚持立德树人根本，实施以文化人、以文育人工程，从校园文化、政治思想、专业课程、实践教学、职业规划、岗位实习、保障实施等方面，探索并实施了工匠精神培育的体系建设，将工匠精神融入学校精神，教育广大师生把热爱劳动、崇尚技能、富有创新创造精神作为职业理想，特色"创"文化引领学生创新创业能力培养，人才培养质量显著提高，文化制胜、特色育人成效明显。

无锡职业技术学院围绕落实立德树人根本任务，大力推进文化育人工作，不断引导广大学生增强文化自信和文化自觉。一是系统设计，健全文化育人体系，构建了"一体两翼三融合"的文化育人模式，即以课堂教学为主体，以课外文化活动和网络学习教育为"两翼"。二是丰富载体，增强文化育人内涵，建设了20多个文化育人主题教育资源库，引导学生做思想品格优、技能素质优、双创能力优、发展潜力优的高素质技术技能型人才。三是创新形式，提升文化育人实效，将具有鲜明区域特色的吴文化融进校园、融进课堂、融进网络，培养学生家庭美德、社会公德、职业道德，激发社会责任感和家国情怀。

陕西财经职业技术学院坚持文化育人，将中华优秀传统文化、革命文化、社会主义先进文化引入校园，积极探索出一条文化与创新融合、以文化人、以文育人的高校校园文化发展新形态。一是在美育中体悟家国情怀。通过规划校园文化路、桥、廊和建筑设施，以"德"贯通全校，以植物花名为"线"形成特色校园文化，使师生在充满主流价值观的环境中受到熏陶、接受教育。引导学生制订大学三年人生规划，实施"厚德育人工程"十年，完善"433"人才培养模式，帮助学生在人生目标、品格塑造、时间管理、学习及行为等方面实现自我管理。二是在担当中履行社会责任。用实践教学培养"有理想、有本领、有担当"的"三有"新时代大学生，把学生的发展和社会发展紧密联系在一起。成立多个志愿者团队，助力当地公益事业发展。三是在大思政中补足"精神之钙"。实施"薪火育人计划"，成立"一"个研究机构，建立"十"支思政工作队伍，每年开展"百"位名师大家事迹进课堂，每年组织召开"千"场主题班会，每年组织"万"人次思想政治教育实践活动，注重对学生的思想政治引领。

四川建筑职业技术学院探索"一七三"建设模式，全面实现文化育人。坚守一个阵地：始终坚守"立德树人"阵地，落实"为党育人、为国育才"的人才培养要求，做到以文化人、以文育人。创新七个载体即：创新文明建设载体，培育文明新风尚；创新文化活动载体，打造校园文化名片；

创新志愿服务载体，深植无私奉献精神；创新环境建设载体，着力提升文化品位；创新文化传承载体，深挖校史校训精神；创新文化培育载体，提档升级校园文化；创新氛围营造载体，涵养校园文化底蕴。实现三个目标：以文化人，在建设中沉淀校园文化浓厚底蕴；以文育人，在培育中提升学生全面发展素质；以文培元，在发展中实现人才培养目标。

浙江建设职业技术学院以鲁班文化、心育文化、定向体育文化为基础，坚持"创造性转化、创新性发展"，让传统文化在新时代焕发生机活力，发挥强大的育人功能。构建一系一品文化架构，在鲁班文化的统领下，建设匠心、品质、生态、创新、和谐五位一体的二级学院特色文化体系架构，将学校鲁班文化、心育文化、定向体育文化、三爱文化等四大文化品牌延伸至二级学院。坚持精神文化为核心，进一步完善鲁班文化馆，展示鲁班文化内涵，弘扬鲁班精神。坚持以文化建设为阵地，校园文化环境得到进一步提升，形成了整体的育人文化氛围。

江苏建筑职业技术学院全面推进"以文化人"工作，在兼顾自然与人文的基础上，立体式打造了"校园八景""公寓文化"等一系列校园文化景观，构建了一套完整的景观育人机制。一是坚持生活即教育，赏景即学习。通过打造教室文化、走廊文化、宿舍文化、食堂文化，把学生们的生活空间变成教育空间，把日常赏景休闲的过程变为学习过程，将校园文化的精髓传达给学生。二是坚持自然为基础，人文为内核。精心打造了相适的人文内容，包括"原创诗词""主题摄影""文化活动"等，以耳濡目染的方式，使更多学生实现"腹有诗书气自华"的效果。三是"金角银边"，因地制宜。充分利用校园建设产生的"金角银边"，因地制宜打造校园文化景观，校园内各处景观中的文化设施丰富多样，不仅实现了文化育人的成效与目标，还使校园的空间利用率得到了优化与提升。

黑龙江建筑职业技术学院把校园文化建设的出发点和落脚点放在实施新时代"立德树人"工程上，巩固文化传承、推动文化创新、提升显性文化教育建设，增强隐性文化教育浸润，践行"德能兼融，行知合一"的校训精神，弘扬"鲁班文化""行知文化"的价值引领，升级办学条件、提升内涵建设，推进校园文化建设稳健发展，优化校园文化的育人功能。一是传承优良的精神文化，坚定社会主义职业精神，以"鲁班文化""行知文化"作为校园文化建设的主基调，将职业精神与文化建设相融合，开展实践性、教育性共融的精神文化浸润。二是打造高雅的环境文化，发挥校园环境育人作用，加强校园"硬"环境建设，通过校园内基础设施的升级改造，合理规划布局，打造氛围儒雅的校园环境。三是完善先进的制度文化，构建社会主义办学框架，积极建设特色现代职业院校制度，构建宏观制度框架，从而发展学院活力，激发教师潜力。四是倡行高尚的行为文化，塑造和谐的行为环境，以校风、师风、学风、作风为行动指引，始终以校风育人、校风领人、校风带人、校风管人为指向，营造良好的行为文化目标，沉淀发扬学院的道德风尚。五是创建新时代特色文化，激发中国特色社会主义文化活力，传承红色基因文化、打造银色冰雪文化、创新蓝色科技文化、发展绿色生态文化、传播金色农业文化。

山东城市建设职业学院立足建设行业，突出专业特色，聚焦高职人才培养目标，开展建设类高职院校传统文化育人体系构建与实践。凝练极具行业特色的"精技强能、追求卓越，精益求精、止于至善"工匠精神，以"培养鲁班传人，建设美丽城市"为育人理念，以"鲁班文化、建筑文化、家和文化和节日文化"作为传统文化育人主要内容，搭建传统文化育人平台，聚焦建设行业培养内化工匠精神的新时代鲁班传人，以文化人、以文育人，探索形成建设类高职院校传统文化育人新的解决方案，充分发挥了高校文化传承和育人功能。鲁班文化精技强能，建筑文化悟道筑魂，家和文化明礼修身，节日文化养正启智。鲁班文化和建筑文化从专业层面聚焦学生的创新精神、实践能力，培养学生成为建设行业的善建者；家和文化和节日文化从人文素质层面聚焦学生的家国情怀、社会责任感，使学生坚定理想信念，培养其成为优秀文化传承人。四个文化相辅相成，如同建筑的四梁八柱，从匠心传承、专业人文、生活秩序、节日振兴四个维度，形成文化育人合力，致力于培养"建设行业的善建者＋优秀文化的传承人"的鲁班传人。

重庆工业职业技术学院坚持以立德树人为根本，以社会主义核心价值观为引领，融入人文素养、职业精神和职业技能，聚焦"爱岗敬业、锐意进取、精益求精、一丝不苟"的工匠精神，将工业文化、职业文化、传统文化、自然文化深度融合，围绕社会主义核心价值观教育、文化素质教育、中华优秀传统文化教育以及职业技能和工匠精神的融合教育，以课堂教学、实践教学、校园环境、社团活动、社会实践、顶岗实习等为载体，大力推进文化育人，系统构建了具有特色的校园文化生态系统，全面提升了学生的综合素质。该校构建了以"工业文化"为核心的新型工业文化育人模式，获评第二届全国职业院校文化素质教育教学成果一等奖。牵头拟定了全国高职院校校园文化建设方案及测评体系，涵盖制度文化建设、组织文化建设、精神文化建设、物质文化建设、职业文化建设、行为文化建设，六项一级指标，领导制度、工作制度、管理制度等21项二级指标，以及主要观测点58项。测评体系旨在推动职业院校文化素质教育，充分发挥研究、咨询、指导和服务作用，不断提升职业院校校园文化建设的整体水平。

盐城工业职业技术学院依托盐阜老区红色文化资源，深入推进铁军精神进公寓、进班级、进支部，构建了思政课程、课程思政、社会实践、文化建设"四位一体"铁军精神育人体系，精心培育了以"职业立身、技术报国"为内核的高品质特色校园文化。重引领，一个基点，做好铁军精神大宣传。强阵地，两项改革，推动思政教育大实践。抓活动，三个平台，搭建体验实践大课堂。树品牌，四个融入，构建文化育人大格局。推进"铁军精神"进班级、进支部、进公寓活动，融入校园建设，塑造环境文化；设置"铁军文化园"育人景观，让师生在校园环境的熏陶中自觉传承"铁军精神"。

湖南大学探索打造了红色文化育人新模式，发挥红色资源丰富、伟人英雄辈出的地域优势，在伟人故里、革命圣地和红色遗址建立"红色课堂"，组织开展"优秀学子韶山行"等活动，深入开展红色主题教育；传承"红色基因"，开展"心系湖湘大地，情牵脱贫攻坚"主题调研、定点扶贫、义务支教等活动，引导学生继承红色基因；阅读"红色经典"，深化党史、国史、改革开放史学习，让"红色经典"入脑入心，用红色文化引领校园文化。

湘潭大学将红色文化融入思想政治教育，依托红色理论研究平台，丰富文化育人内容，积极推进红色文化理论研究，丰富思想政治教育内涵。聚焦中国共产党历史研究，传承红色基因，挖掘校史中的红色元素，建立了一批具有浓厚红色意蕴的人文景观，打造红色文化校园。发挥红色文化学科优势，拓展课堂育人渠道，打造"沿着伟人的足迹——行走的课堂"品牌，把红色文化融入思想政治理论课教学体系创新。搭建红色主题活动载体，创新实践育人方式，积极搭建红色实践平台，完善红色实践机制，开展"红色文化进校园"系列活动，使学生在实践中成为红色文化的自觉弘扬者和传播者。

湖南文理学院充分挖掘文化底蕴，努力营造格调高雅、健康活泼的校园文化氛围。一是凝练文理精神，紧密结合教育发展和改革实践，深挖校史精神内涵，凝练了"博学弘文、明理求真"的校训，构建"课堂教学—校园文化—社会实践"三位一体素质教育体系，内化为师生自觉践行文理精神的实际行动。二是加强社会主义核心价值观宣传教育，开展"青春告白祖国"主题活动，组织升国旗仪式、入团仪式等教育活动，强化国家意识和集体观念；围绕"八学期八主题"大学生综合素质提升工程，开展红色文化和传统文化教育。三是持续提升校园文化环境，文化标记进校园，推动校园文化的品牌宣传，强化校园人文环境与自然环境建设的融合，打造蕴含文理精神的物质文化环境，最大化发挥校园文化环境育人的功能。四是发挥阵地建设作用，学校"日本侵华细菌战史实展览馆"被认定为湖南省青少年教育基地，充分发挥湖湘红色文化资源在青少年党史学习教育中的重要作用；构建新媒体矩阵，通过官网、微信公众号、微博、广播电台、校报等媒体平台，讲好文理故事、传播文理声音，营造良好的校园文化氛围。五是校园文化品牌进一步凸显，以国家大学生文化素质教育基地为依托，构建和打造具有湖湘特色和社会影响力的校园文化活动精品，突出"白马湖讲坛""感恩图强""武陵风韵"等工作品牌，全方位打造特色鲜明、影响突出的校园文化品牌。

湖南科技学院坚持把中华优秀传统文化融入大学教育全过程，着力提高教师队伍的传统文化素养，建设崇德弘毅的引路军；着力提升校园环境的文化品位，增强润物无声的感染力；着力拓展渠道载体，构建文化育人的多元支撑体系；着力加强传统文化课程和教材建设，丰富滋养人格的资源库。构建了传统文化类通识课程体系，开发舜文化、理学文化、柳文化、南岭文化四个系列校本教材，将"永州三色"（历史文化古色、革命传统红色、生态环境绿色）融入教学，结合传统节日、重大事件，通过多种形式的实践教学活化了本土文化资源。

湖南工学院以先进文化引领大学生成长，突出人文素养、政治理论、科技创新、就业创业等主题教育，广泛开展正确人生观价值观热点问题辩论、心理健康教育大讲坛、校园文化艺术节、学生公寓周末广场文化等特色文化教育活动。每年举办各类校园文化活动 200 多场次，吸引大学生 5 万多人次参与。其中，"周末小舞台，孕育'大爱'人——湖南工学院学生公寓周末广场文化活动的建设与实践"，被列为湖南省普通高校校园文化精品建设项目。传统文化育人项目"以'圆融'文化引领学生'梦'之道"，获教育部校园文化建设优秀成果二等奖，被团中央列为高校共青团重点工作创新试点项目。特色校园文化成为育人沃土，大学生通过校园文化熏陶，树立了正确的世界观、人生观、价值观，培育了健康向上的精神面貌。

湘南学院实施红色文化育人工程，努力提升大学生思想政治教育实效性。一是科学制定红色文化育人工程计划，制定了红色文化教育工程实施方案。二是积极开展红色文化教育理论研究，组织思政、哲学、文史、经管等多个学科领域的专家学者，通过文献史料研究、实地调查等多种形式，深入发掘湘南红色文化资源。三是大力加强红色文化育人基地建设，与郴州各革命纪念馆、革命遗址、博物馆如郴州烈士公园、苏仙革命纪念馆等单位共建大学生湘南红色文化教育基地。四是深入开展红色文化教育主题活动，通过举办红歌比赛、红色朗诵比赛、观看红色经典电影、举办红色主题报告会等活动形式，寓教于乐，加深大学生对革命传统的理解，增进青年学子的使命感和社会责任感。

湘西民族职业技术学院狠抓制度文化、环境文化、教师文化、学生文化"四个文化建设"，构建了丰富的校园文化体系。每年围绕汇报教学成果、传承国学文化、弘扬传统美德、拓展志趣爱好、抵制歪风陋习、宣传爱国主义、宣讲政策精神、倡导文明礼仪、引导健康心理等举办的院级、系部、班级、社团特色文化活动此起彼伏、精彩纷呈，形成了校园文化处处见、天天新景象，达到了弘扬正气、濡养心灵的良好效果。大力弘扬以爱国主义为核心的民族精神，广泛开展形式多样、内容丰富的学习体验、主题宣讲、缅怀革命先烈、先进模范学习宣传、同升国旗、同唱国歌、主题作品征集展示、"开学第一课"、国防教育、网上主题宣传教育等群众性主题宣传教育活动。

湖南机电职业技术学院建设特色文化墙打造育人风景线。文化墙围绕中国共产党的百年发展历程，以"百年辉煌"为主要内容，结合中华优秀传统文化等内容，在关于学生理想、品质、奋斗、学习等方面精心设计了楼层指引和宣传板，并筛选与专业相关的行业、企业突出人物及事迹绘制了"名人墙"，外墙内壁分别布局以核心价值观、机电精神、文明公约、学风建设等为主题的异形雕刻，构建成为一个集教育性、知识性为一体的育人特色文化墙。通过设计打造文化墙，美化了教学环境，开辟了文化育人新阵地，拓宽了弘扬真善美、传播正能量的宣传教育渠道，让师生在潜移默化中受到艺术感染，接受熏陶教育，成为学院文化育人、环境育人的新阵地。

岳阳职业技术学院突出文化引领，将校园文化建设作为培养担当民族复兴大任时代新人的基础性工程，打出文化育人系列"组合拳"，着力造就德才兼备的高素质技术技能人才。一是打造制度文化，引立德树人之向。学院以大学章程为总纲，建立和完善了覆盖党的建设、思政工作、教育教学、实习实训、学生管理等方面的制度，为学生全面发展、成长成才导航引路、保驾护航。二是厚植环境文化，筑立德树人之基。学院校园为国家 AAA 级景区，建有"一桥一廊两亭两馆两墙四园十景"等人文和诗联景观。三是广育精神文化，铸立德树人之魂。四是活跃行为文化，显立德树人之魅。坚持开展一年一度的技能节、艺术节、体育节、读书节等主题节庆活动，扎实开展"三文明"创建、"四讲"教育、"五早"养成等活动，有效促进学生成长成才和全面发展。

湖南城建职业技术学院以弘扬鲁班文化、培养时代新人为使命，构建起以培育工匠精神为核心的鲁班文化育人实践体系。一是坚守鲁班文化育人的价值追求，成立了鲁班文化研究会，挖掘和传承新时期鲁班文化的核心——精益求精的工匠精神，将工匠精神与鲁班文化融入人才培养方案，融入教育教学全过程。二是优化鲁班文化育人的校园环境，建造鲁班广场和鲁班文化园，形成以鲁班文化为特色的校园环境文化。三是打造鲁班文化育人的活动品牌，打造了鲁班文化育人文化艺术节、科技创新节和技能竞赛节等品牌活动，引导学生争做鲁班传人。同时，学院以传承和弘扬中华优秀传统文化为主线，充分挖掘隐含在中华优秀传统文化中的家国情怀、社会关爱、人格修养等内容，加强课堂文化建设，重视传统文化传播主阵地建设；加强文化载体建设，拓展传统文化教育的有效途径；加强校园文化建设，重视传统文化氛围的营造；加强示范引领培育，重视传统文化导向作用；将中华优秀传统文化融入立德树人、创新人才培养的实践，推进中华优秀传统文化育人工作；着力完善学生的道德品质，塑造学生的理想人格，提升学生的政治素养。

第三节　文化育人的基本要求

　　山东省教育厅制定的《关于进一步加强全省高校大学文化育人工作的实施方案》强调文化育人要坚持"三个结合"。一是坚持弘扬主旋律与彰显特色相结合。坚持马克思主义在意识形态领域的指导地位，始终把握社会主义先进文化前进方向，积极培育和践行社会主义核心价值观，大力弘扬时代精神，彰显学校办学理念和特色，形成融历史文化与时代特征为一体的文化品质，推动大学文化的繁荣发展。二是坚持传承与创新相结合。传承中华优秀传统文化，立足学校自身的办学传统和文化积淀，广泛借鉴和吸收国内外优秀大学文化，深入挖掘吸取山东省丰富的红色资源以及独特的区域文化资源，不断创新大学文化的内容、形式和载体，打造思想性、艺术性和观赏性相统一、具有区域特色和时代精神的校园文化品牌。三是坚持育人与服务相结合。充分发挥大学文化的育人功能，不断提升师生的道德素养、人文素养和科学素养。积极发挥高校文化对社会文化发展的引领、辐射、服务功能，把高校建设成为文化传承和创新的重要基地、示范区和辐射源。

　　浙江省教育厅制定的《浙江省高校文化育人工程实施方案》强调，要以习近平新时代中国特色社会主义思想为指导，积极培育和践行社会主义核心价值观，坚定中国特色社会主义文化自信，推进校园文化建设，营造大学生健康成长的良好氛围，努力把校园建设成为师生共建共享的精神家园。要将文明校园创建与文化校园建设相结合，推进中华优秀传统文化、革命文化进校园，大力弘扬红船精神、浙江精神，持续抓好文明寝室建设，优化校园育人环境，培育优良的校风、学风，充分发挥校园文化滋养心灵、涵育德行、引领风尚的功能。

文化育人是高校立德树人的重要内容，也是高校人才培养的内在要求。因此，高校要积极探索契合学生成长规律和人才培养规律的文化育人途径与载体，构建具有特色的文化育人质量提升体系。

一、落实《高校思想政治工作质量提升工程实施纲要》

高校要认真落实中共教育部党组印发的《高校思想政治工作质量提升工程实施纲要》中对高校文化育人工作提出的要求，推进中华优秀传统文化教育，开展"礼敬中华优秀传统文化"等文化建设活动，引导高雅艺术、非物质文化、民族民间优秀文化走近师生。挖掘革命文化的育人内涵，开展"传承红色基因、担当复兴重任"主题教育活动，有效利用重大纪念日契机和重点文化基础设施开展革命文化教育。开展社会主义先进文化教育，开展师生社会主义核心价值观主题教育活动。大力繁荣校园文化，创新校园文化品牌，挖掘校史校风校训校歌的教育作用，推进"一校一品"校园文化建设；支持师生原创歌剧、舞蹈、音乐、影视等文艺精品扩大影响力和辐射力；广泛开展"我的中国梦"等主题教育活动。建设美丽校园，推动实现校园山、水、园、林、路、馆建设达到使用、审美、教育功能的和谐统一。

高校要紧密对接校思想政治工作面临的新形势新要求，以马克思主义人的全面发展理论、文化认同理论和思想政治教育学理论等为依据，全面贯彻习近平新时代中国特色社会主义思想和习近平总书记关于教育的重要论述，深入调研文化育人质量提升体系建设现状，进一步明确工作思路和目标，结合实际研究高校文化育人质量提升体系的特征与功能，提出立德树人视域下高校文化育人质量提升体系构建的路径和高校文化育人质量提升体系运行的长效机制，为提高思想政治工作质量、促进大学生全面发展提供理论依据与实践指导。

二、制定《文化育人质量提升体系建设实施方案》

高校要综合研究国内外关于高校文化育人、文化育人体系等方面的研究成果，以问卷形式调查了解高校文化育人质量体系建设现状，分析存在的问题与不足；对高校的师生进行访谈，探讨文化育人质量体系的构建路径和长效机制建设等问题；根据调研、访谈和文献资料所获取的材料，对高校文化育人质量提升体系构建的方法、措施、机制等进行比较研究，通过分析、实践和调查，获取材料，从个别到一般，归纳出文化育人质量提升体系构建的本质要求。

高校要明确文化育人的工作目标、工作思路、工作举措和考核评价等，建立可复制、可推广、有实效的育人体系和内容完善、运行科学、保障有力、成效显著的一体化文化育人工作体系，践行和弘扬社会主义核心价值观，注重以文化人、以文育人，深入开展中华优秀传统文化、革命文化、社会主义先进文化教育，推动中国特色社会主义文化繁荣兴盛，优化校风学风，繁荣校园文化，培育大学精神，建设优美环境，滋养师生心灵，涵育师生品行，引领社会风尚。

三、构建具有本校特色的文化育人质量提升体系

文化育人在总体要求上是一致的，但高校在具体落实时要紧密结合本地区本行业本学校的实际，创造性地实施。比如，在加强培育和践行社会主义核心价值观长效机制建设，把社会主义核心价值观体现到育人全过程方面，重庆大学系统开展"青年大学习"，以"前锋网络文化工作室"为抓手，打造新媒体"咏经典""青马者说""奋斗者说"等，成效显著；海南师范大学通过开展社会主义核心价值观宣传月、"践行核心价值观 树文明新风尚 争做文明海师人"主题班会等多种形式宣讲清楚社会主义核心价值观的精神内涵，使之内化为师生的精神追求和自觉行动；湖南城建职业技术学院开展"我为社会主义核心价值观"代言、"五微五阵地"等活动，引导学生进一步坚定了"四个自信"。

高校要构建文化育人质量体系建构的长效机制，确保文化育人工作有序推进。要建立组织协调机制，成立文化育人工作领导小组，统一领导、指挥文化育人工作；要建立协同运行机制，宣传、学工、团委、院系等部门共同发力，协同做好文化育人的各项具体工作；要建立经费保障机制，年度财务预算要单列文化育人工作经费，设立文化育人类专项经费，支持工作的开展；要建立考核评价机制，将文化育人工作纳入部门、院系年度考核，推动学校各个部门主动将文化育人工作抓在经常、融入日常。

麦尚文在《以"同向融合"推进文化育人创新》一文中指出，高校肩负着文化传承、传播与创新的重要使命，通过深入开展中华优秀传统文化、革命文化、社会主义先进文化教育，有助于培育和践行社会主义核心价值观，牢牢掌握高校意识形态工作的领导权和话语权。在新时代推进以文化人、以文育人，应着力文化内容供给侧改革，提升文化育人

吸引力；构建多样化的活动内容和平台载体，提高文化育人覆盖面。将培育文化自觉贯穿于"三全育人"全链条之中，构建覆盖全领域的文化育人体制机制。要厚植文化根基，培育文化育人"新平台"；传承文化基因，建设文化认同"资源库"；传播文化影响，打造文化自信"播种机"；在文化育人各环节中一以贯之坚定文化自信、培育文化自觉、增进文化认同，增强师生的幸福感、归属感和认同感，从实践上回答"培养什么人、怎样培养人、为谁培养人"这个根本问题。

第四节　文化育人的路径研究

经过长期的研究与实践，笔者认为，高校要以马克思主义人的全面发展理论、文化认同理论和思想政治教育学理论为依据，探索构建"一体两翼三化四融"文化育人质量提升体系，实现课内课外、校内校外、线上线下多层次全方位推进。

一、发挥好课堂教学主体功能（"一体"）

课堂教学是文化育人的主渠道，高校要加强顶层设计，制定文化育人工作规划（或实施方案），坚持以知识文化传授为基础，在夯实专业知识中增强文化自信，把文化育人纳入教育教学内容，扩大课程设置的覆盖面，以中华优秀传统文化、革命文化和社会主义先进文化教育来熏陶人、教化人、启迪人。要依托马克思主义学院、人文学院等教学单位，积极构建文化育人通识教育课程体系，在必修课中开设《中国文化概论》《大学美育》《大学语文》等课程，在选修课中开设《诗词鉴赏》《中华民族精神概论》《传统文化与人生智慧》等课程，并充分利用校外优质教学资源，构建文化育人网络通识课程教学体系。要创新教育教学方法，引导教师充分挖掘专业课程的文化育人元素，推进专业教学与文化育人相辅相成，形成专业课程与文化课程同向同行的育人格局，增强教学的吸引力和感染力。要定期邀请文化学者和知名人物来校开设文化素质教育高水平讲座，作为课堂教学的有益补充，开阔学生的文化视野。

二、开展现场实践教育和虚拟体验教育（"两翼"）

一是开展现场实践教育。文化育人必须依靠广泛而深入的社会实践活动，在文化实践中塑造大学生的文化气质。高校要整合实践资源，拓展实践平台，依托城市社区、爱国主义教育场所等，建立多种形式的社会实践基地，组织大学生广泛开展社会调查、社会公益、志愿服务等社会实践活动，让学生在现场实践中体验文化的氛围。要加强创新创业教育，鼓励师生开展科技创新活动，以科学精神和担当精神的养成为出发点，通过文化建设，培养教师严谨的治学态度和学生诚实的科学品质。要完善实践教育长效机制，推动专业实践教学、社会实践活动、创新创业教育、志愿服务等载体的有机融合，构建文化育人现场实践教育协同体系，引导学生在实践中体验，在体验中实践，以文化实践体验为特色，开拓多样渠道，将课堂内外联合起来，培养学生对文化的感知力，让学生在文化体验过程中滋养个体独特的情怀，全方位提升学生的能力与素质。

二是开展虚拟体验教育。虚拟环境对于大学生思想政治教育具有重要作用，高校要创新文化育人"互联网+"和"+互联网"双向路径，建设包括红色文化体验、系列主题教育、3D党史人物馆在内的虚拟文化环境，打造基于"互联网+"的数字化文化育人资源平台和互动学习平台。比如，北京理工大学建设了虚拟仿真实验室，研发团队开发了基于VR技术的软件课程《重走长征路》，通过VR技术模拟红军长征过程中的地理环境、气候条件等，让学生身临其境地体验红军遭遇的围追堵截、生离死别，过雪山草地的艰辛，更好地理解长征精神，学习红军勇往直前、不畏艰难的品质。虚拟现实技术为思政课教学提供了直观、形象的思维材料，使教学手段更科学化、更丰富多彩。学生可以在虚拟环境中体验当时的历史过程，带给学生更真实、身临其境的体验。再比如，南昌大学建设的红色文化馆利用 VR 技术体验红色景区虚拟场馆，加强红色文化教育，4K 修复历史影像、VR 体验虚拟场馆、云广播等新技术手段的应用，将思政教育、红色文化与现代化传播方式相结合，带来一种全新的视听体验，让青年学生更加沉浸其中，入脑入心，达到"立德树人"的教育目的。

三、推进文化活动品牌化、文明创建常态化、校园环境精美化（"三化"）

一是推进文化活动品牌化。要围绕文化育人，精心设计和组织开展一系列内容丰富、形式新颖、吸引力强的校园文化活动，形成品牌文化活动。笔者所在学校湖南城建职业技术学院结合实际形成了"五月四展三节二周一会"品牌文化活动。"五月"即安全法纪教育月、心理健康教育月、寝室文化建设月、书韵飘香读书月、师生志愿服务月，"四展"即工程文化展、廉洁教育展、素质典型展、优秀作品展，"三节"即鲁班科技创新节、鲁班文化艺术节、鲁班技能竞赛节，"两周"即爱校周、建筑法规宣传周，"一会"即诗词吟诵会。同时，学校以行业文化为主线，构建了"一系一品"、五翼同辉校园文化格局，即建筑系主打"营造文化"，建筑工程系主打"建造文化"，建筑设备工程系主打"安装文化"，管理工程系主打"精益文化"，市政与路桥工程系主打"路桥文化"，筑造了特色鲜明的校园文化品牌，在全省同类院校和全国建设类高职院校中产生了品牌效应。

二是推进文明创建常态化。高校要坚持价值引领，把培育和践行社会主义核心价值观贯穿于文明创建活动全过程；坚持贴近师生，使每一名师生都成为创建活动的实践者和受益者；坚持广泛参与，把创建活动延伸至每个班级、宿舍和每个师生员工，夯实校园文明根基。要建设契合师生精神文化需求，多层次、全方位、有特色的校园文化活动体系，组织开展"青春心向党""向国旗敬礼""万人诵宪法"等主题教育活动。开展多种形式的文明院系、文明处室、文明班级、文明宿舍、文明食堂等创建活动，弘扬健康向上的文化生活方式。

三是推进校园环境精美化。校园环境文化是学校所处的自然环境和为实现育人目标而规划和创建的包括校园建筑、校舍布局、教室走廊、校园道路、园林景观以及教学基本设施等方面的整体格局。校园环境文化有着使用功能、审美功能和教育功能和谐统一的效果。优美的校园环境能够给师生带来愉快、活力和希望，陶冶师生的情操，提高他们的审美素质，有助于培养学生正确的审美观，激发学生热爱学校、热爱生活的感情。校园环境文化可以通过学校健康向上的育人环境引导学生主动接受正确的价值观和行为准则，可以将学生聚集在一起，让他们对学校的教学环境产生认同感和归属感。校园环境文化在提高学生素养、培养学生诚信品质、敬业精神、责任意识、遵纪守法意识等方面发挥着环境熏陶、文化体验等重要作用。高校要重视校园环境文化建设，让校园里的一砖一瓦、一石一木、一斗一拱充分体现和彰显中华优秀传统文化，山、水、园、林、路等达到使用功能、审美功能和教育功能的和谐统一，校园里的一草一木、一景一物、一墙一角都能无声地"说话"，时刻激励学生学会求知、学会做人、学会生存、学会发展，学生置身其中受到启迪和教育。

四、融合中华优秀传统文化、革命文化、社会主义先进文化和行业企业优秀文化（"四融"）

一是融合中华优秀传统文化。中共中央办公厅、国务院办公厅《关于实施中华优秀传统文化传承发展工程的意见》要求，围绕立德树人根本任务，遵循学生认知规律和教育教学规律，把中华优秀传统文化全方位融入思想道德教育、文化知识教育、艺术体育教育、社会实践教育各环节。推动高校开设中华优秀传统文化必修课，在哲学社会科学及相关学科专业和课程中增加中华优秀传统文化的内容。实施中华经典诵读工程，开设中华文化公开课，抓好传统文化教育成果展示活动。中华优秀传统文化内容极为丰富，对全面提高大学生的思想道德素质和科学文化素质具有十分重要的作用。高校要将中华优秀传统文化教育作为重点，大力弘扬讲仁爱、重民本、守诚信、崇正义、尚和合、求大同等核心思想理念，大力弘扬自强不息、敬业乐群、扶危济困、见义勇为、孝老爱亲等中华传统美德，大力弘扬有利于促进社会和谐、鼓励人们向上向善的思想文化内容，培育大学生自强不息的进取精神、矢志不渝的爱国情怀、天人合一的和谐意识、"不为物役"的人文精神、仁人君子的道德修养。

二是融合革命文化。革命文化是中国共产党和中国人民在革命、建设和改革开放各个历史时期形成的精神追求、精神品格、精神力量，是中华民族最为独特的精神标识。革命文化对大学生理想信念教育具有导向作用，高校要开发革命文化教育的资源，把党领导人民团结奋斗的丰功伟绩、中国共产党人的崇高理想与坚定信念、革命前辈们的高尚品德与优良作风等革命文化纳入教育教学内容，通过理论与实践教学，让学生感受红色经典、感悟历史，切身体会革命文化。要改进革命文化教育的方法，整合教育资源，丰富教育方式，建设革命文化长廊、革命题材雕塑，设立红色书库或专架，建设革命文化虚拟体验场馆，让革命文化进校园、进课堂、进头脑。要优化革命文化教育的环境，在校园网、微信公众号、院报、电视台、广播站设置革命文化专栏，探索建立"革命文化育人"专题网或公众号，使学生能迅速、及时、全面关注了解革命文化的相关内容，培育大学生的爱国精神与民族精神。

三是融合社会主义先进文化。社会主义核心价值观是社会主义先进文化的精髓，是当代中国精神的集中体现，凝结着全体人民共同的价值追求。高校要结合大学生的思想特点、成长规律、发展要求，坚持把社会主义核心价值观教育与"中国梦"主题宣传教育相结合、与课堂教育教学工作相结合、与学生社会实践活动相结合、与优秀传统文化进校园相结合、与学校文化建设相结合，达到内化于心、外化于行的良好效果。要通过社会主义核心价值观教育让大学生理解并把握培育和践行社会主义核心价值观的重大意义、丰富内涵，掌握其主要内容，明晰其历史渊源，理解其基本含义，坚定理想信念，不断增强民族文化自信和价值观自信。要让大学生理解并准确把握培育和践行社会主义核心价值观的基本要求，使社会主义核心价值观成为青少年学生的日常行为准则和自觉奉行的信念理念，帮助大学生树立正确价值观。

四是融合行业企业优秀文化。校园文化与企业文化的对接与融合，有利于整合企业文化和校园文化，其实施原则是以学校为主体，以企业为主导,引入企业文化提高学生职业素养,要将企业文化融入日常教学中,实现教育常规化;营造学习职业模范的氛围,做到教育典型化;利用专业实践和社会实践等体验活动,实现教育的体验化;通过教师日常职业行为规范影响学生,实现教育全员化。高校要在人才培养方案中融入企业文化,在实践教学环节中体现企业文化,在校园文化活动中融入企业文化,在校园物质环境中彰显企业文化,将企业文化融入教育教学全过程,促使学生成为具有工匠精神和工程文化素养的高素质技术技能型人才。

附录

湖南城建职业技术学院
文化育人质量提升体系实施方案①

校园文化是学校的精神和灵魂，是学校赖以生存和发展的重要根基，是学校核心竞争力的重要组成部分。加强校园文化建设，努力构建富有文化内涵、时代风格和学校特色的文化育人质量提升体系，对提高人才培养质量和办学水平有重要意义。根据中共中央、国务院《关于加强和改进新形势下高校思想政治工作的意见》和中共教育部党组《高校思想政治工作质量提升工程实施纲要》，依据"卓越文化精美新建院"建设目标，现就文化育人质量提升体系建设制定如下实施方案。

一、指导思想

高举习近平新时代中国特色社会主义思想伟大旗帜，围绕立德树人根本任务，全面贯彻党的教育方针，遵循文化传承与发展规律，弘扬中华优秀传统文化，继承革命文化，发展社会主义先进文化，充分发挥校园文化的导向引领、行为规范、审美陶冶、传播辐射等功能，为培养德智体美劳全面发展的社会主义建设者和接班人提供强大的精神动力。

---

① 本方案由陈为化、任永辉起草，征得陈为化老师同意，收入本书时作了修改完善。

二、建设思路

紧密围绕学院总体发展战略、办学定位和办学思路，明确一个目标：构建"文化建院"，培育鲁班传人；坚持两个倡扬：倡扬社会主义核心价值观，倡扬鲁班精神；深化三个推进：推进产业文化进校园，推进工业文化进教材，推进企业文化进课堂；围绕四个任务：培育社会主义核心价值观、积淀学院精神，满足师生员工精神文化需求，提高师生员工思想道德素质和科学文化素质，打造鲁班文化品牌、增强学院核心竞争力；构建"五翼同辉"格局：以鲁班文化为主轴，凸显专业群特色，推进营造文化、建造文化、路桥文化、精益文化和安装文化建设，形成"一体五翼"（五位一体·五翼同辉）鲁班文化格局；建设六个文化：基于固本培元的精神文化，基于熏陶体验的环境文化，基于自觉约束的制度文化，基于文明守信的行为文化，基于干净担当的廉洁文化，基于风清气朗的网络文化，使学院成为传播和发展社会主义先进文化的重要基地、示范区和辐射源，为推动学院改革发展、维护校园和谐稳定、促进师生全面发展提供精神支撑。

三、建设目标

坚持以理想信念教育为核心，以社会主义核心价值观为引领，以鲁班文化为主体，以系列主题活动开展为载体，坚持以制度文化促自律、行为文化重养成、环境文化重熏陶；做到素质教育与职业教育相统一，育"人"与育"才"相统一，求真知与强技能相统一，用心构建"一体五翼"校园文化格局，筑造城建特色鲜明的校园文化品牌，全力建设"各美其美、美人之美、美美与共"的文明幸福校园，在广大师生中开创勤奋好学、勇于创新、甘于奉献、诚实守信、重德尚礼、知行合一的大好局面。

四、建设内容

（一）形成"一体五翼"格局，打造鲁班文化品牌

以鲁班文化为主轴，推进鲁班文化育人实践体系建设。一是坚守鲁班文化价值追求。成立鲁班文化研究会，组建研究队伍，开展交流研讨，举办文化沙龙，开设鲁班文化专栏，刊播相关视频，举办优秀成果奖评选，凝练新时代鲁班精神。二是打造鲁班文化育人的活动品牌。举办鲁班文化艺术节、鲁班科技创新节和鲁班技能竞赛节。三是构建鲁班文化育人的课程体系。将鲁班文化融入人才培养计划与专业课程，贯通"三个课堂"，编撰《鲁班文化读本》，开展主题讲座，开发网络课程、优质微课、特色校本教材。四是创新鲁班文化育人评价机制。将鲁班文化融入学习生活全过程，纳入《大学生素质实践课程》，将鲁班文化育人工作任务纳入部门年度工作任务和年终工作考核，实行动态评价。

以行业文化为主线，构建"一系一品"、五翼同辉校园文化格局。一是建筑工程系以房建历史发展、建筑材料创新、施工技术演变等打造"建造文化"；二是建筑系以传承传统建筑文化、创新设计理念、呈现人本空间环境等打造"营造文化"；三是市政与路桥工程系以讲述路桥文化故事、赏析路·桥诗词歌赋、弘扬路·桥专业精神等打造"路桥文化"；四是管理工程系以团队精神凝念、服务理念培育、效益管理形成等打造"精益文化"；五是建筑设备工程系以水暖电安装工艺、人工智能、绿色环保等打造"安装文化"。切实讲好专业故事，举办专业竞赛，组建专业

社团，提升专业素养，培育专业精神。

（二）厚植精神文化建设，凝聚干事创业力量

一是践行"一训三风"，培育学院精神。秉承"明德建业、精作筑能"校训，弘扬"真心求学、实意做事"的校风，使之成为师生员工内在要求和外在规范；践行"弘德精业、正己立人"的教风，评选表彰教学名师和师德标兵，营造争当师德先进的良好氛围；倡导"尚学尚能、成人成才"的学风，引导学生自觉学习、善于学习、有效学习。大力宣传师德高尚教职工及品德高尚的建院学子，讲好中国故事、城建故事、身边故事。培育"修身，勤学，敬业，自律"的工作作风，增强教职工"四个意识"，提高工作效率和服务水平。

二是以理想信念教育为核心，厚植思想情怀。办好"青马班"等主题班和"明德""建业""精作""筑能"四大主体班。抓好周日班会、理论学习分享会、成果研讨会，开展国旗观礼、志愿服务等系列实践活动，强化理想信念教育。加强国家意识、法治意识、社会责任意识教育，加强民族团结进步、国家安全、科学精神教育，纳入日常课程体系，加强社会公德、职业道德、家庭美德、个人品德教育，突出"公民意识"教育。

三是以社会主义核心价值观教育为引领，厚植家国情怀。开展"三红"活动，传承红色基因。实施观看红色影视行动，以班级为单位每周观看一部红色影视作品；实施歌唱红色歌曲行动，举办军训红歌汇、年度红歌赛等系列活动；实施阅读红色书籍行动，倡导经典著作、红色诗词等晨读活动，开展红色故事分享、心得体会交流，礼赞新时代奋斗之路。

四是以文化自信为指引，厚植人文情怀。推进中华优秀传统文化教育，开展"礼敬中华优秀传统文化"系列活动，举办"诗词吟诵会""高雅艺

术进校园"等活动；以革命文化为重点，建好"红歌协会""毛泽东诗词协会"等学生社团；立足伟人故里，拓展校外育人基地，依托韶山毛泽东故居、乌石彭德怀故居等校外德育基地，突出红色文化教育；围绕中国的土地为什么这么红、中国梦是个什么梦等主题，举办主题演讲、征文、微视频、形势与政策报告会，突出社会主义潮文化教育。

（三）优化环境文化建设，营造良好育人氛围

一是建设承载历史和人文底蕴的校园景观。加强校园规划和建设，使校园的楼、路、园、树、草等达到使用功能、审美功能和教育功能的和谐统一。将校训、校徽等元素融入校园景观，以主题雕塑、设计书画作品等为载体营造文化氛围，丰富校园景观的内涵，不断提升校园物质文化环境的层次和品位。规范教室文化、宿舍文化、广场文化、走廊文化、食堂文化等公共场所文化，提升品位。完善校园楼宇、道路、景点的规划、建设、命名以及管理工作。规范校旗、校训、校徽等校园文化标识物的使用。

二是充分发挥场、馆、活动中心的使用功能。依托校史陈列室开展校史校情教育，依托理想信念馆开展理想信念教育。围绕有故事的建筑、道路和人文景观，融入学院办学历史和特色，编制校园里的故事汇，讲好湘建院故事。依托图书馆、活动场等场所，开展学生优秀作品、杰出校友成就、师生个人先进事迹、行业发展前景等主题宣传展示。

三是开展"雅居文化"，优化学生社区。逐步在公寓楼内建立党团活动室、自习室、接待室等场所。开展"雅居文化"，打造"安全、健康、和谐、文明"的社区环境，营造"学习、节约、安全、和谐"的宿舍氛围，培育"良好生活习惯、独立生活能力、团结奋发精神、与人为善"的个人素养。开展社区环境整治，发挥学生社区的文化培育功能。

四是强化安全法制教育，深化平安校园建设。坚持"安全、健康、成长"三层次工作思路，切实开展生存教育、生命教育和生活教育。编撰《校园安全知识手册》，完善各类突发事件应对预案。每月开展一次安全主题班会，每学期开展一次安全手抄报、黑板报竞赛，每年度组织一次消防疏散演习、一次消防主题讲座。做好年度普法教育宣传和组织工作。开展法制进校园活动，通过以案说法、专题宣传等普及法律常识。

（四）完善制度文化建设，构建现代大学制度

一是建立健全规章制度。对接全国全省教育大会精神，结合学校实际，完善学院《章程》。深化制度废改立工作，细化学院《工作手册》，推进绩效考核改革，推进治理体系与治理能力现代化建设。

二是坚持和完善党委领导下的校长负责制。坚持党务、院务公开制度，不断扩大师生员工对学校工作的知情权、参与权和监督权；充分发挥党代会、工会、教代会、学代会的功能；发挥民主人士和离退休老同志在民主监督以及参与学校管理中的作用。

三是落实三全育人机制。对标《"三全育人"工作实施方案》，制定《十大育人实施细则》，出台《思想政治工作质量提升工程实施方案》，制定"三全育人"任务清单。开展综合试点、精品项目、骨干队伍、思政课题等省级和院级提升项目申报和建设。强化师德师风建设，出台《文明二十条》《教学工作十大纪律》《学风建设十大纪律》。

四是推进网络治理。健全用网规章制度，出台《智慧校园建设规划》，建好建强基础设施、支撑平台、应用平台、应用终端和安全系统。出台《信息化建设管理办法》，明晰工作职责，畅通运行机制，确保校园网络安全运行。营造文明用网氛围，落实网络宣传阵地三级巡查、新闻发布三级

审核制度，维护宣传阵地安全。倡导师生文明用网，加强网络思政理论研究、平台建设和舆情监控，占领网络高地，净化网络空间。

（五）注重行为文化建设，崇尚文明礼仪风尚

一是开展行为文明、就餐文明、课堂文明"三文明"教育。实施"开口行动"，课前师生起立致意，路遇师长主动问好，倡导文明用语；实施"光盘行动"，餐前排队餐后收盘，倡导节水节电节粮；实施"随堂笔记行动"，开展"优秀课堂笔记"评选，提升到课率、抬头率和听课率；实施"年度书单"计划，开展"阅读达人"评选，举办"阅读月"和主题沙龙，营造阅读氛围，构建"书香"校园。

二是开展行为礼仪、职业礼仪、生活礼仪"三礼仪"教育。在学生入学时开展"行为礼仪"集训，开展"弯腰"随手带走垃圾和"礼让"他人活动，强化个人行为礼仪养成；推进《职业礼仪》课程建设，举办模拟招聘会，实施部门日常事务素质实践项目化，培育学生职业礼仪，落实《文明公约与服务承诺》，倡导文明新风尚；开展最美学生社区、文明办公室、星级教室和寝室评比，开展最美家庭评选，倡导良好家风，开展一封家书活动，引导学生弘扬家庭美德，抓实生活礼仪养成。

三是开展入学季、军训季、实训季、毕业季"四季"融入教育。新生入学季通过开展劳模进校园活动，及"我是主席家乡人，我是城建主人翁"宣誓活动，实施鲁班文化、工匠精神和职业道德"三融入"教育，扣好入学教育"第一粒扣子"；军训季通过军事训练、礼仪集训，实施规矩意识、礼仪意识和集体主义"三突出"培育，上好大学课堂"第一课"；实训季通过举办优秀校友作品展、行业安全主题讲座等活动，抓实行业文化、安全教育和诚信就业"三强化"熏陶，迈好职业生涯"第一步"；

毕业季通过征集师生祝福、院长寄语、廉洁从业宣誓等活动，抓实诚信廉洁从业、奉献社会精神和建功新时代信念"三树立"培育，迈好职业生涯"第一步"。

四是推进志愿服务网格化、平台化和常态化"三化"建设。依托AIC平台和《大学生素质实践课程》，推进校内志愿服务活动网格化；打造与霞城街道向家塘社区合作共建儿童义培俱乐部品牌，推进社区志愿服务活动平台化；科学设计思政课程假期社会实践项目，抓实暑期"三下乡"主题实践，推进社会志愿服务活动常态化，以此培育学生"人人为我，我为人人"的志愿精神。

（六）深化廉洁文化建设，提升现代公民意识

一是开展三大廉洁主题教育。在领导干部中开展"廉政勤政和遵纪守法"教育活动，提高党员领导干部的廉洁意识和拒腐防变的自觉性；在教职工中开展"廉洁从教、服务学生"教育活动，促进教师依法执教、爱岗敬业、诚信服务、为人师表；在学生中开展"敬廉崇洁、诚信守法"教育活动，增强学生遵守法律法规自觉性。

二是推进廉洁教育三进工作。编印廉洁文化宣传册，组建宣讲队伍，推进廉洁文化进校园；推进廉洁文化进课堂，将廉洁文化教育融入党课、团课和思政课程，重点对学生进行传统廉洁美德教育，诚信考试、诚信交费、诚信还贷教育；推进廉洁文化进头脑，每学期举办一次廉洁文化主题展示、一次廉洁文化知识讲座，营造风清气正的校园政治生态。

三是抓实廉洁教育三层级责任。夯实党委主体责任，落实党委成员联系基层党组织和讲授专题廉洁党课制度；夯实二级党组织一岗双责，把廉洁教育融入日常工作，创建系部廉洁文化建设氛围；夯实党支部书

记担当责任，抓早抓小、敢管善管，将廉洁教育纳入支部主题党日活动。

（七）创新网络文化建设，占领网络宣传高地

一是创新网络管理。构建网络事务服务大厅，为学生提供"一键式"网络信息服务。实施"一张网"实时管理，将教学楼、图书馆、学生社区设为一个个管理网格，构建学生信息网格化动态管理系统。实现"一张表"全程跟踪，将学生信息登记表、学年小结表、学习成绩表、毕业鉴定表、就业推荐表等在校期间所有信息集成"一张表"。

二是创新网络服务。推进智慧校园建设，推进易班建设，用好融媒体资源，实现联网上线。建好"五微五阵地"的育人网微平台，丰富网络育人载体。建设以思政课教师、辅导员、班主任、学生骨干为主体的网络思政队伍，鼓励开办个人或团队微信公众号，拓展网络育人空间。

三是丰富网络文化。加强校园网建设，搭建专题教育网站。完善数字教学资源库，丰富网络视频教育资源，加强网络思想政治教育可视化建设。围绕学院改革发展、教育教学，挖掘和推选优秀人物、典型事迹，利用网络平台讲好城建人的故事和城建奋斗的故事。

四是夯实网络育人。搭好网络心理育人平台，抓实新生入学、毕业离校心理健康"两普查"，构建合格心理咨询室、特色成长辅导室、辅导员名师工作室"三室育人"；拓展网络心理育人途径，推进线下团体辅导全覆盖，线上个体咨询辅导全天候，健全"四级"预警防控体系；发挥网络心理育人线上功能，定期进行心理危机风险排摸和动态监测。

（八）强化文化阵地建设，发挥示范引领作用

一是加强校园媒体建设和管理，按照"三贴近"原则加强新闻宣传工作，建设好校园网、广播站、电视台、院报和微信公众号、微信视频

号等宣传阵地，充分发挥好宣传阵地在文化建设中的作用。要突出"网络的及时性、广播的生动性、报纸的深度性"，建设品牌栏目，打造精品节目，积极为校园文化建设创设条件。要充分发挥网络等新兴媒体在校园文化建设中的重要作用，不断拓展校园文化建设的渠道和空间，开展健康向上、丰富多彩的网络文化活动。

二是加强学生社团建设，充分发挥学生社团在校园文化建设中的重要作用，落实每个学生社团"有一位指导教师、有一个业务指导单位、有一项特色活动"的"三个一"建设要求，每年推出若干项学生社团特色活动。充分发挥学生生活区、学生公寓在校园文化建设中的重要作用，加强有效引导，确保学生生活区、学生公寓文化的正确发展方向。

五、保障措施

（一）加强组织领导

坚持党委统一领导，构建各部门齐抓共管、全院上下共同努力的文化建设格局；成立文化育人工作领导小组，下设办公室，挂靠宣传统战部，负责总体规划与协调工作，党政办公室、组织人事处、学生工作部（处）、教务处、科研处、纪检监察室、工会、团委和各党总支部负责相关的文化育人活动的组织与实施工作，全院各部门各司其职抓好相关工作的落实。

（二）凝聚思想共识

充分认识文化育人对于推进教育教学改革，加强和改进大学生思想政治教育，全面提高大学生综合素质的重要意义，把校园文化建设纳入事业发展总体规划之中，纳入长远规划和年度计划，列入重要议事日程。广泛发动全体师生参与校园文化建设，营造全员参与、全员共建氛围。

（三）建立长效机制

加大经费投入，设立校园文化建设专项经费，为文化建院建设和文化育人提供经费保障。各系部结合学院方案制定本部门文化建设实施细则，明确任务清单，稳步推进。将文化育人工作纳入单位综合考核评价和干部年度述职范畴，每年度开展校园文化综合督查，实施奖惩制。

第二章　文化育人的实践探索

第一节　特色文化建设实践

校园文化是一种以青年学生为主体，以大学校园为主要空间，反映青年学生特有的思维方式、行为方式、价值观念的文化氛围和精神状态。良好的校园文化不仅可以促进学校教学、科研及管理等各方面工作，而且能促进学生各方面素质的形成。校园文化建设，一方面能较好地调节和激励师生员工的思想行为，培养和激发师生员工的群体意识和集体精神，促进师生员工的自我约束、自我管理和自我完善；另一方面必将促进学校为社会培养出一批又一批高素质技术技能型人才，促进社会的全面发展。为形成昂扬向上的校园文化氛围，使校园文化建设达到教育人、影响人的作用，特制定本方案，以推动特色校园文化建设、提高文化育人成效。

一、特色校园文化建设的基础

（一）建设现状

学院致力于建设和谐校园文化，将社会主义核心价值观融入校园文化的各个层面，传承中华优秀传统文化、革命文化和社会主义先进文化，凝练学校精神，使之成为建设与发展的精神动力。着力建设民主、科学、进取、和谐的制度文化，形成自我发展、自我约束的运行机制。着力于校园环境建设,坚持以和谐的人际环境鼓舞人，以高雅的人文环境启迪人，以健康的心理环境培育人，校园文化建设取得了显著成绩，形成了体现社会主义核心价值观的、广大师生认同的价值取向；形成了反映学校办学传统、办学特色的校训、校风、校歌、校徽；领导班子高效、廉洁、民主、务实，教师敬业、爱岗、爱生，学生勤奋、上进、守纪；学生活动丰富多彩、积极向上；校园整洁、绿化美化，自然景观与人文环境相得益彰，形成了文化育人的良好氛围。

1.重视精神文化建设，提升了师生的核心价值追求

大学精神是反映大学历史传统、特征面貌的一种精神文化形态，是一所大学长期积淀形成的稳定的共同追求、理想和信念，是大学文化的精髓和核心。学院结合发展目标，深入挖掘、研究、宣传60多年办学的历史积淀、文化内涵和办学特色，传承和丰富具有城建特色、反映办学传统、体现精神风貌的学院精神，将学院精神、校风、教风、学风作为全院人的核心价值追求，使之成为激励师生员工、凝聚广大校友的不竭动力，并内化为共同价值取向和行动指南。

弘扬"明德建业、精作筑能"的校训和"真心求学、实意做事"的校风，使之成为师生员工工作、学习、生活的内在要求和外在规范。践行"弘德精业、正己立人"的教风，加强教师职业道德教育和学术道德教育，定期评选表彰教学名师、最美教师和师德标兵，营造争当师德先进的良好氛围。倡导"尚学尚能、成人成才"的学风，引导学生自觉学

习、善于学习、有效学习。培育"修身、勤学、敬业、自律"的工作作风，增强教职工特别是领导干部的大局意识、责任意识和服务意识，不断提高工作效率和服务水平。

把社会主义核心价值观融入思想政治教育、精神文明建设和党的建设全过程，加强和改进大学生思想政治教育，深入开展理想信念、形势政策、国情国防、民族精神、时代精神和社会主义荣辱观教育。加强社会公德、职业道德、家庭美德、个人品德教育，在全院形成知荣辱、讲正气、作奉献、促和谐的良好风尚。加强法治宣传教育，弘扬社会主义法治精神，树立社会主义法治理念，提高师生员工法律素质。

2.加强工程文化建设，培养了学生良好职业素养

推进产业文化进校园、工业文化进教材、企业文化进课堂，大力弘扬鲁班文化和工匠精神，促使学生形成职业化的工作技能、职业化的工作形象、职业化的工作态度和职业化的工作价值观，具有吃苦耐劳、团结守纪、诚实守信、安全生产、注重质量、服务顾客等意识，树立起正确的职业理想和高尚的职业道德，使其成为具有工程文化素养的高素质技术技能人才。

将工程文化融入教育教学全过程，融入教学计划、人才培养方案之中，开展工作价值观教育，在专业课程教学中和职业生涯规划教育中渗透建筑产业文化，通过顶岗实习全面接受"企业版"产业文化教育。开展工程生涯体验活动，让学生在工程实践中体验工程文化的内涵和要求，了解现代企业文化，树立良好的工程价值观和职业道德、职业情操，培养较强的质量意识、安全意识、节能环保意识和实际操作技能。

实现校企文化的融合，增强学生的社会适应能力和就业能力。仿效

企业实施视觉识别系统，帮助学生学到与企业无缝对接的专业知识，让学生直接感受企业化氛围。利用学生社团活动宣传并介绍优秀建筑企业文化。聘请企业劳动模范和技术能手担任兼职辅导员、班主任或职业指导教师，在思想政治工作中充分渗透工程文化。

学院"素质教育融入建筑产业文化的路径"和"高职院工程文化建设方案"入选全国教育科学规划教育部重点课题《职业教育校企合作中工业文化对接的研究与实验》成果《产业文化读本》和《产业文化育人典型案例》，成为建筑产业文化育人的范例。《产业文化读本》通过介绍若干具有代表性的行业文化，使学习者了解现代产业的简要发展历程、先进的生产经营服务管理方式，以及优秀企业和典型人物所反映出来的行业文化特色。在遴选典型行业时，从贴近生活的衣食住行用等相关行业入手，覆盖到服装、食品、建筑、汽车、化工、有色金属、商业服务业、计算机通信和航运等九个行业。

3. 优化环境文化建设，营造了良好的文化育人氛围

加强校园文化设施建设，完善教学设施，优化学习环境。规划、建设了现代化的图书馆、体育馆、学生活动中心、鲁班文化广场等文化设施和文化活动场所。增设阅报栏、宣传栏、知识长廊等思想文化教育阵地。加强各类文化设施的管理，充分发挥其教育功能，激励大学生立志成才，奋发进取，报效祖国。

重视校园道路、楼台亭阁的命名和指示系统建设，重视绿化美化亮化工作。组织师生广泛参与校园楼宇、道路、景点的规划、建设以及管理工作，用优美的校园景观激发师生员工的爱校热情，增强师生对校园文化环境的认同感。加强校牌、校徽、校歌、校旗、校标等文化形象标

识的设计推广，提倡广大师生牢记校风、唱响校歌、佩戴校徽、使用校标，展示师生积极向上的精神风貌。

4.完善制度文化建设，构建了现代职业院校制度

建立健全内部管理制度体系，编制了以"明确工作职责、规范工作程序、量化工作标准、严格考核评价、落实责任追究"为内容的《工作手册》，涵盖19个方面的工作，涉及608项工作任务，基于ISO9001质量管理体系推进精细化管理，基于自主诊改提高开展内部质量诊断与改进工作。

贯彻落实党委领导下的校长负责制，坚持教代会、工代会民主管理制度，重视团代会、学代会的作用，完善和执行党务公开、院务公开制度，建立和完善情况通报制度、情况反映制度和重大决策征求意见制度，不断扩大师生员工对学院工作的知情权、参与权和监督权。

5.注重行为文化建设，促进了师生共同发展

重视教师的行为文化建设，大力实践《高等学校教师职业道德规范》《新时代高校教师职业行为十项准则》和"弘德精业，正己立人"的教风，通过学习、培训、讲座、研讨等形式对办学传统、学院精神、办学理念、师德规范等进行讨论与学习，帮助教师更新教育教学观念，转变教学方式方法，树立务实的学术态度和价值观，做到爱国守法、敬业爱生、教书育人、严谨治学、服务社会、为人师表。

注重学生职业行为的培养，将吃苦耐劳、乐于奉献、踏实肯干、勤于钻研等行业品质要求作为重点内容纳入人才培养方案中，加强职业行为规范教育。大力实践由环境营建、计划设计、系统实施、考核引导、激励验收、总结提升六环节构成的学生素质教育模式，倾力打造"第三

课堂",充分发挥其在学生行为养成中的重要作用。

6. 深化廉洁文化建设,夯实了风清气正的基础

大力开展廉洁文化主题教育活动,促进党员领导干部以身作则、勤政廉洁、艰苦奋斗、勤俭办学,促进教师依法执教、爱岗敬业、为人师表,促进学生在学业学习、党团活动及其他各项活动中接受廉洁文化熏陶,增强遵守法律法规和社会道德规范的自觉性。学院连续多年获得全省落实党风廉政建设责任制和廉洁自律工作奖、执法监察工作奖、反腐倡廉宣传教育工作奖、反腐倡廉建设先进高校、纪检监察创新工作奖、纪检监察工作先进单位。

积极推进廉洁文化进校园,把廉洁文化建设与改进工作作风、创建"四型组织"(学习型、服务型、创新型和廉政型)结合起来,增强领导干部的责任感和紧迫感,强化廉洁从政、勤政为民、服务大局意识,建设一支忠诚干净担当的管理干部队伍。把廉洁文化纳入教师思想政治工作中,建设廉洁从教的教师队伍。将廉洁文化教育融入党、团课和思政课中,重点对学生进行理想信念教育、传统美德教育、法律意识教育和诚信教育,让学生自觉增强廉洁意识,养成以廉为荣、以贪为耻的道德观念,形成良好学风。

(二)特色创新

1. 突出了湖湘文化的主要精髓。湖湘文化有其独特的精神、独特的魅力和鲜明的个性,学院在校园文化建设中继承和发展了湖湘文化。从校风的渗透到湖湘文化交流活动的开展、湖湘人物名言的熏染,无处不体现湖湘文化、湖湘精神、湖湘特色。如突出湖湘文化"经世致用、敢为人先"的精髓,提倡曾国藩的"求阙"治学态度,继承毛泽东同志"求

真""求实"的精神，将毛泽东同志早年读书笔记《讲堂录》中的"真心求学，实意做事"话语作为校风用语，昭示师生真心实意求学做事，实现人生价值。

2. 突出了建筑行业的文化特征。弘扬我国土木建筑业鼻祖鲁班"注重细节、勤于思考、勇于创新、不断学习、立足实践、刻苦钻研、精益求精"的鲁班精神和"精心操作、保证质量、一丝不苟、精益求精"的建筑行业职业道德规范，激发学生争做鲁班传人的热情，帮助他们树立从业信念。宣扬优秀建筑传统文化，倡导读建筑书、想建筑事、明建筑业、做建筑人，传承建筑人的创新精神，为祖国城乡建设事业添砖加瓦、增光添彩。

3. 突出了环境熏陶的良好作用。好的环境给人以美的精神享受，给人以无声的启迪和教育，使大学生在不知不觉中受到熏陶，审美意识得到开发，从而自觉地按照美的结构来规范自己的行为，实现身心和谐。学院种植了一些具有人文化品位的花草树木：松之挺拔、兰之幽香、竹之虚心、菊之傲霜、荷之高洁，这些植物所具有的人文品质被人们长期称颂，几乎家喻户晓。面对这些植物，学生不仅会得到美的享受，还能促进道德升华。各种人文雕塑有利于提升校园环境的文化品位，学院鲁班像、鲁班锁、建筑浮雕、图腾柱、芬芳园、桃李亭等精美雕塑和园林小品装点着校园环境，渲染着校园文化氛围。这种体现了一定思想文化内涵和价值资源的人文雕塑，实际上也是文化丰碑，它在无形中影响着大学生的思想。

4. 突出了文化体验的复杂过程。实现学生由被动吸收到主动学习的转变，关心学生的文化需求，做到坚持以学生为本，想学生之所想，急学生之所急，尊重学生的文化选择，并让学生在文化活动中唱主角。以知识的传播、交流和学习为中心，开展形式多样的校园文化活动。以学生自主性文化活动为基础，充分发挥学生在校园文化建设中的主体性作用。在学院校园里，到处可以看到学生自主开展的各种文化活动形式，从休闲娱乐到文化学习，从强身健体到道德修炼，从理论交流到实践创新，无不展现当代大学生的精神风貌。这些活动极大地丰富了校园文化的内容，活跃了校园文化的氛围，满足了学生的精神需求，促进了大学生的健康成长。

二、特色校园文化建设的总体思路

（一）建设思路

1. 秉承湖湘文化精髓，培育敢为人先精神

以文化墙、雕塑、建筑命名、张贴画、格言联等为载体，以溯本求源、探求文化、境地感知、接触自然等方式展示厚重的湘楚文化底蕴，对学生进行传统文化熏陶，培养学生的忧乐情怀、角色意识和敢为人先精神，营造蓬勃向上的求知氛围。

2. 切合职业文化氛围，展现工程文化特点

校园环境的整体设计应体现职业文化特色，切合职业文化氛围。根据学院土建大类专业的特点，校园环境美化整体设计应强调多种功能分区，着力展现工程文化特点。

3. 加强激励文化建设，增加生活环境内涵

在校园主要功能区域建设优秀教师和优秀校友形象展示长廊，在学院形成尊师重教的良好氛围，展示杰出校友成长历程、非凡成绩，突出

杰出校友的创新精神、团队精神，用优秀校友的人生经历和感悟、创业历程和成就，激励大学生立志成才，报效祖国。以企业文化和职业精神感染学生，着力培养他们的创业精神与创业技能。

4. 加强职业道德教育，发挥环境育人功能

大学生职业道德教育是一项复杂且重要的系统工程，开展职业道德教育是提高大学生就业竞争力、增强职业意识、做好"职业人"角色转换、实现就业稳定和职业发展的有效措施。必须把学生职业道德教育作为大事来抓，从文化熏陶的角度上考虑，通过渗透企业精神更有效地开展职业道德教育。

（二）建设原则

1. 坚持正确的校园文化建设方向

在校园文化建设中，牢牢把握正确的政治导向，弘扬社会主义核心价值观，在全体师生中形成共同的信念和追求，树立正确的世界观、人生观和价值观；把建设特色校园文化与弘扬中华优秀传统文化、革命文化和社会主义先进文化紧密结合起来，加强爱国主义教育、革命传统教育、集体主义教育和文化素质教育，培养创新精神。

2. 发挥校园特色环境的文化体系功能

要在上课与实训时受到企业科技文化的感染，在职业道德教育体系中受到高素质职业思想的培育，在课余活动中使学生的综合素质得到提高，在校园环境中受到现代科技和湖湘文化的熏陶。

3. 突出校园文化环境的辐射功能

坚持高标准、高质量建设校园文化环境，处处体现高雅气息、和谐氛围，以利于对学生进行熏陶、感染和导向，全方位、日常化辐射和影

响学生的思想品位、审美观念、道德情操。

三、特色校园文化建设的主要目标

（一）总体目标

建设以"真心求学、实意做事"的工程人所需与学校整体建筑格局和谐统一的校园文化环境，坚持围绕一个中心（立德树人）、营造两种环境（和谐校内环境、友好校外环境）、运用五个载体（课堂教学、课外活动、宣传媒介、生活场地和社会实践）、建设五个文化（基于全面发展的工程文化、基于熏陶体验的环境文化、基于自觉约束的制度文化、基于文明守信的行为文化、基于廉洁公正的廉洁文化），弘扬"注重细节、勤于思考、勇于创新、不断学习、立足实践、刻苦钻研、精益求精"的鲁班精神，丰富校园文化内涵，提高人才培养质量，着力培养面向建设行业生产、建设、管理、服务一线需要的高素质技术技能型人才。

（二）分项目标

1. 工程文化建设

工程文化是指在工程教育中注重科技与人文的融合，突出人文精神，强调自然科学各专业门类知识必须与环境学、人类学、社会学、文化学、心理学、管理学等人文社会学科交叉而构成的文化体系。科学是认识世界，技术、技能是改造世界和创造未来世界。"文化"是基础，"工程"是平台，工程文化建设的主要目标是培养工程精神与人文精神相融合的、全面发展的高素质人才。

2. 环境文化建设

特定的校园文化环境是教育人、塑造人的重要条件。良好的文化育人环境无形中规范和引导着大学生的行为方向与价值选择，激发广大学生蓬勃向上的精神追求。环境文化建设的主要目标是形成和谐校内环境和友好校外环境，营造健康向上的育人氛围，为学生的成长、成才提供可靠的文化支撑。

3. 制度文化建设

校园制度文化主要指学校的各种制度、管理规章与纪律，以及保证学校正常运行的组织形态、群体行为规范、习俗等方面，所建构的激励环境与范导氛围。制度文化建设的主要目标是形成以人为本、既能实现自我约束，又能促进人的全面发展的运行机制。

4. 行为文化建设

校园行为文化是一种具有主导性、严肃性、生动性和科学性的文化，具有整合和导向的功能。它能通过各种活动，包括政治活动、文体活动、社会实践活动和普法宣传活动等，帮助师生员工形成正确的价值取向、自觉的行为规范、严谨的治学精神和高雅的行为方式，必须抓好校园行为文化的建设，着力营造朝气蓬勃、积极向上的氛围和诚实守信、文明礼让的风尚。

5. 廉洁文化建设

通过校园廉洁文化建设系列活动的有效开展，充分发挥廉洁文化在学院党风廉政建设中的教育、示范、熏陶和导向作用，确保廉洁文化教育工作经常化、制度化、规范化，为优化育人环境，促进和谐校园和党风廉政建设，丰富校园文化建设内涵，营造风清气正的校园文化氛围打下良好基础，促使党员领导干部勤政廉洁、遵纪守法，促使广大教职工廉洁从教、服务学生，促使广大学生敬廉崇洁、诚信守法，逐步构建具有学院特色的廉洁文化教育活动长效机制。

四、建设内容

（一）基于全面发展的工程文化建设

1. 工程文化建设的内涵

工程教育的含义包括三个方面：科学原理与技术应用；在社会传统、文化传统和意识形态允许范围内进行工作；创造性的专业教育。以往在进行工程技术和职业教育时，很少考虑或基本不涉及社会和文化背景及社会的可接受程度，这与现代文明社会需要培养具有高尚品德的职业人、社会人存在很大差距。在校园文化建设中融入工程文化建设，就是要注重知识、社会、个性的相互关系，从而使学生真正做到掌握知识、发展能力、提高素质。

2. 工程文化建设的内容

（1）将工程文化融入教育教学全过程。工程文化教育的目标，是培养新时代迎接新技术革命挑战的新"工程人"，能参与全球竞争与合作的有工程技术和工程精神的时代新人。在课程体系上，从注重单纯知识教育到注重知识、社会、个性的关系，这是工程文化创新教育的一大特点。当今科学技术的发展促进生产技术的更新周期迅速缩短，使人的职业结构和技能结构处于经常变化之中。每个人必须提高基础素质与职业转换能力，以适应不断变化的职业要求和技能要求。因此，工程文化教育引导学生既受到良好的专业知识训练，同时又使他们具有智力技巧和良好的思维习惯。

（2）以理想信念教育为核心，引导学生树立正确的价值观。在人才培养的过程中，使传授知识、培养能力和提高素质成为一体，坚持不懈地用马克思列宁主义、毛泽东思想、邓小平理论、"三个代表"重要思想、科学发展观和习近平新时代中国特色社会主义思想武装头脑，深入开展党的基本理论、基本路线、基本纲领和基本经验教育，开展党史、新中国史、改革开放史和社会主义发展史教育，开展基本国情和形势政策教育，将社会主义核心价值观融入课堂，使大学生正确认识社会发展规律，认识国家的前途命运，认识自己的社会责任，确立在中国共产党领导下走中国特色社会主义道路、实现中华民族伟大复兴的共同理想和坚定信念。结合建筑业发展的特征和需要，使学生明确职业使命，了解职业规范，树立职业荣誉感。

（3）引导学生牢固树立质量意识和安全意识。质量是企业的生命线，因此，建筑企业必须把加强质量管理上升到战略高度，要把质量意识融入企业生产、管理的全过程，促进质量管理水平的提高，创造更好的经济效益和社会效益。安全生产是社会主义市场经济持续、稳定、快速、健康发展的根本保证，是维护社会稳定、企业生存发展壮大的重要前提，是提高企业核心竞争力、生产力的最根本要求。在课堂教学和社会活动中，有效地向学生灌输安全生产理念，教育引导学生树立质量意识、安全意识和节能环保意识，是工程文化建设的重要内容。

（4）增强学生的社会适应能力和就业能力。在工程文化建设中融入企业管理模式，使学生在学校中较早地接受企业文化的熏陶，帮助学生学到与企业无缝对接的专业知识。上课即上岗，上课即能感受到企业的文化氛围。毕业后即能迅速适应工作岗位，最大限度地消除或缩短了学生在实际工作中的培训、磨合、适应期，尽快为企业改革发展作贡献。

在专业教学实践中，学生能够直接融入企业及企业文化，亲自感受优秀企业的企业精神、经营理念，尤其是积极进取、以竞争求生存的意识。切身感受到专业知识、专业技能在企业生产经营中发挥的重要作用。树立危机意识和时不我待的紧迫感，激发其学习专业知识的内在动力，全面培养学生具备适应企业要求的岗位实践能力。

（5）提高学生的科技创新能力和可持续发展能力。培养大学生的创新意识和自主创业精神也是高校人才培养目标的重要内容。在新型工业化道路上，员工的创新意识与可持续发展的能力，是现代企业不断变革和创新的必要条件。只有构建学习型组织，企业才能应对变革；只有具备继续学习、可持续发展的能力和创新精神，毕业生才可适应社会的要求，才能在人才竞争中脱颖而出，受到企业的欢迎。在工程文化中加强创新创业教育，增加大学生的社会阅历，锻炼其面对挫折的心理素质，培养其吃苦耐劳的心理能力，有利于更好地去创新，更勇敢地去创业。

3. 工程文化建设的措施

（1）将工程文化教育融入教育教学全过程。教师在制定教学大纲、教学计划时，要结合学生的职业岗位特点有针对性地把职业文化教育融入其中，经常性地组织学生到实训基地、实训室进行技能训练，使学生不断受到模拟企业生产第一线环境的感染、熏陶，养成严谨的职业习惯。规范学生的日常生活行为，严格执行按时熄灯、按时就寝，不迟到、不早退的规章制度，增强学生对学校纪律的认同感，使他们自觉养成严谨的学习生活习惯，以适应现代建筑企业对员工的纪律要求。用教师在教学过程中表现出来的价值观念、思维方式和行为规范对学生产生深刻影响和重要作用。专业教师具有精湛的专业知识与技能，厚重的职业文化背景，加上强烈的爱岗敬业精神，就能强烈感染与带动学生热爱自己的专业，憧憬自己未来的职业，了解专业对口职业的前景，知晓职业礼仪，明确职业道德规范与责任，从而产生强烈的职业认同与归属感。

（2）工程生涯体验活动引导学生养成良好职业道德。以校企合作、工学结合、订单培养、产学结合的不断创新为核心理念，推动校园文化工程化的实践创新。大力开展素质拓展团体训练、模拟职业面试、工学训练业绩竞赛、职业生涯规划、校企订单学生成果汇报演出、大学生创业规划大赛等具有企业化的社会性校园文化育人活动，丰富大学生的社会文化生活，让学生突破传统的校园文化生活的同时，可以身临其境地体验到校园之外的职业文化生活。通过校园工程文化的耳濡目染，养成良好的职业习惯，从而缩短学生准职业人、准高技能人才的磨合期。将企业管理模式和理念融入到素质教育活动，组织开展读书节、"三下乡"、技能节、科技创新竞赛等素质教育活动，教育引导学生在活动过程中体验职业角色、培养职业精神。

（3）落实"掌握知识、发展能力、提高素质"的教育目标。定期举办工程文化（科技文化）节，包括科技文化演讲、科技文化成果展等活动，促进科技文化建设的纵深发展。加强实习实训基地建设，以校内实习实训场所为中心的校园实训基地，是学生完全置身于接受现代科技文化熏陶的园地。加强实验实习环节的教学，让学生在具体的工程实践中体验工程文化的内涵和要求。

（4）开展质量第一、安全第一、节能环保教育。结合国家每年3月举行的"质量万里行"活动，认真组织学习《建筑法》及其相关法律法规和技术规范、标准，做到在实验和顶岗实习的施工活动中，合理安排工艺流程，杜绝不按图施工、不按顺序施工、偷工减料的现象，深入开展质量隐患排查整治活动，严控工程质量低劣及质量事故的发生。同时通过开展质量理念教育培训班、质量管理月、组织学生观摩优良工程等多种多样的主题活动，提高学生的质量意识。结合教育系统"安全生产月""安全生产三湘行"和"安全专项整治三年行动"活动，开展"关注生命，关注安全"的主题活动。通过剖析建筑安全事故案例，逐步做到使每个学生时时处处都把安全记在心上，落实到行动上，做到"我不伤害他人""我不伤害自己""我不被他人伤害"和保护他人不受伤害，牢固树立"安全第一"的观点。结合世界环保日开展"我与'绿色建筑'"的主题活动。建筑设计专业的学生要思考在充分考虑建筑功能和特点时如何满足生态节能环保要求，以功能决定形式，实现建筑艺术和技术的融合。建筑施工专业的学生要思考在施工过程中合理处理建筑垃圾，不对环境造成污染。提倡建筑装饰、建筑设备安装类专业学生采用新材料、新技术，节水节电，满足节能环保的要求。

（5）将工程文化教育与企业文化有机结合。坚持用学院主管单位湖南建工集团有限公司"一流、超越、精作、奉献"的企业精神教育和影响学生，逐步培养大学生作为未来"现代职业人"竞争求生存、质量谋发展的职业意识、团队协作、科学高效的职业能力，爱岗敬业、诚实守信的职业道德，为学生更快地适应社会需要，更好地服务企业奠定良好基础。引入优秀的企业文化，在办学方针中融入企业化的办学理念，在校训、办学定位、办学理念、人才培养目标等方面体现和融合企业的精神文化。学院坚持"塑造人格、培养技能、张扬个性、服务社会"的办学理念，就与湖南建工集团有限公司"一流、超越、精作、奉献"的企业精神一脉相承。教学进程实行开放性、实践性、职业性，实行双证融通、情境教学、工学结合的人才培养模式及"产业＋企业＋专业"校企合作共建的专业建设模式，就能更自然地融入企业文化、企业精神，就能为社会输送更多更好的高素质技术技能型人才。采用"职业活动导向"的教学方法和"基于工作过程"的课程体系和教学内容，在实践性、开放性、职业性很强的仿真和生产性的教学情境中逐步渗透企业文化。基于"学习内容是工作，工作内容是学习"的教学理念，以职业活动为导向，做到课程标准与职业资格标准的接轨，实现课程标准与学生职业生涯发展的协调；将企业实际的生产过程或项目活动与教学内容挂钩，通过师生共同实施一个完整的企业"项目"来开展教学活动，这是实现校企文化对接的根本保障。

（6）增强学生的社会适应能力和就业创业能力。用企业化的方式进行学生管理，培养学生的团队意识，引导学生逐步接受、适应职场化人际关系，真正做到学生是员工，但不完全是员工；教室是车间，但不完全是车间；教师是师傅，但不仅仅是师傅；以企业方式管理学生，引导学生适应职场化关系。第一，仿效企业实施视觉识别系统，突出职场化、企业化等特点，让学生直接感受企业化、职场化氛围。如砌筑实训，实训场地就是仿真工地，设项目经理、施工员、质检员、技术指导等，由学生轮番担任，切实做到明确自身的责任。第二，利用学生社团活动宣传和介绍优秀企业文化。社团是推动校园文化建设、优化成才环境、提高大学生综合素质等至关重要的窗口，也是联系校园文化与企业文化的桥梁和纽带。高校要充分利用社团活动宣传和介绍优秀企业文化，引入的企业文化要与本专业（行业）乃至未来就业的岗位对口，起到实际效果。

第三，在思想政治工作中充分渗透企业文化，如改革辅导员、班主任由学院教师担任的单一结构，聘请劳动模范、企业（行业）技术能手担任兼职辅导员、班主任或职业指导教师，通过他们的言传身教让学生接受职业道德的熏陶。

（二）基于熏陶体验的环境文化建设

1. 环境文化建设的重要作用

校园环境文化有着使用功能、审美功能和教育功能和谐统一的效果。优美的校园景观可以激发大学生的爱校热情，陶冶大学生关爱自然、关爱社会、关爱他人的美好情操。具有丰富内涵的雕塑、书画等文化作品的公共场所，则可以营造高尚健康的人文景观氛围。师生在参与校园楼宇、道路、景点规划的建设、命名以及管理工作中，可以增强对校园文化环境的认同感。各种文化设施如教学场所、图书馆、文艺、体育、科技活动场所以及各种宣传阵地等，在满足广大师生文化需求的同时，也要发挥多重教育效果。友好共赢的校外环境能让大学生突破传统的校园文化生活的同时，身临其境地体验到校园之外的文化生活，通过校园、社会文化的耳濡目染，让学生大大缩短从学生到社会人的转变过程，快速融入社会。

2. 环境文化建设的内容

（1）校园景点突出鲁班文化。学校的建筑、设施、装饰、雕塑、景点以及一草一木、一砖一瓦、一情一景，都能够陶冶学生品性和心理，让他们在美观、优雅和文化内涵丰富的环境中，养成健全的人格和高尚的品德。校园景点其文化内涵对学生的熏染将起到相当重要的作用。这是一种显性文化，建设高品位的校园景点文化，会潜移默化地影响人的精神和思想，让师生置身于浓郁的文化环境，让一届又一届的学生去享受和感悟。体现人文关怀，是环境育人的重要手段，更是学校高速发展中显示文化底蕴的历史见证。比如，建设类院校要在校园内建造鲁班塑像，建造鲁班文化长廊、鲁班文化广场，对鲁班其人其事进行展示，让学生系统了解鲁班、认识鲁班的发明、创造及其对土木工程的贡献，激发学生争做鲁班传人的热情，帮助他们树立认同职业、奉献事业的正确从业信念。

（2）校外环境友好共赢。发挥学院牵头组建的湖南建筑职教集团作用（该职教集团为首批国家示范性职业教育集团培育单位、省级示范性职教集团），加强建筑类职业院校、企业、科研院所、行业协会之间的多元化合作，形成融人才培养、教学科研、实践培训、招生宣传、就业指导、产业开发、信息咨询、技术服务等功能于一体的网络化、一体化、社会化的职教体系，促进资源的集成和共享，促进职业院校在人才培养方面与企业实行"订单式培养"和"零距离对接"，形成院校与企业之间的良性互动，推动职业院校和企业共同发展，为学院创造一个宽松和谐的友好校外环境。

（3）生活场地和谐温馨。贯彻落实教育部《关于勤俭节约办教育，建设节约型校园的通知》和湖南省教育厅《关于进一步推进高校"两型"校园建设工作的通知》精神，以"节约型"校园建设为基础，以"环境友好"为目标，以推广节能减排在线监管为突破口，以技术节能和管理节能为重点，以标准指引、价格引导等为支撑，积极推广合同能源管理模式，创新两型校园建设方式和途径，努力实现学院建设和发展方式转型，确保学院可持续发展，促进师生生活场地温馨和谐。

3.环境文化建设的措施

（1）加大校园硬件设施建设。校园环境文化建设是一项整体工程，应总体规划，体现整体性和完整性。学院在整体建设新校园时即将校园环境美化纳入基本建设体系，主干道、文化墙、中心广场等项目均于第一期投资建设完成，其余绿化及景点建设、文化设施建设采取分项预算、分期建设方式进行。整个校园分为礼仪空间区、校园中心区、休闲聚散区、休息疏密区、生活区、体育运动区和教学区等七大区域。教学区又根据各专业与职业特点划分园区，营造浓厚的职业氛围，体现鲜明的职业教育特色。

（2）标志性建筑彰显学校特色。每一所学校都有独具特色、具有教育意义的标志性建筑。这些标志性建筑彰显学校特色，使校园人领略独特的文化和氛围。学院要统一所有建筑物的色调，并建造具有自身特色的标志性建筑物。如图书馆大楼气势恢宏，典雅壮观，内外环境优美，入口大厅上空分层向上推进，错落有致，主附楼连体建筑虚实结合，曲径相通，人文气息十分浓郁，成为体现学院文化的标志性建筑。土木工程大楼用于教学、实训、技术研发，是突出学院工程文化的标志性绿色建筑。

（3）建筑物命名蕴含文化精神。大学校园文化氛围是由诸多因素构成的，其中大学校园里带有文化特色的建筑物命名对突出校园文化氛围和文化特点具有不可忽视的作用。校园建筑文化对形成校园文化特色具有重要作用，而校园建筑物命名的文化特色浓厚与否对突出校园建筑文化又具有画龙点睛的作用，因此，突出文化特色的建筑物命名是校园环境文化建设的重要组成部分。

（4）花草植物传播文化知识。好的环境给人以美的精神享受，给人以无声的启迪和教育，使大学生在不知不觉中得到熏陶，审美意识得到开发，从而自觉地按照美的要求来规范自己的行为，实现身心和谐。因此，学院将大量种植一些具有人文化品格的花草树木。每一种树木花草都制作标志牌，标志牌的内容包括品名、英文名、所属、基本特征、主要用途、象征意义等。

（5）亭台雕塑突出行业特征。校园亭台雕塑是校园环境的重要组成部分。典雅的亭台雕塑融多种艺术为一体，将各门类艺术各自固有的审美特征不断渗透、交汇、同化，构筑成具有综合效果的校园建筑环境。一方面，它可以在一定的范围内真实、集中地突出行业特征；另一方面，它运用适当的艺术手段形象地表现出大学的文化精神来，在抽象的艺术形式中注入具体的象征内容，引起学生的共鸣，赋予有限的形象以无限的意境。从学院的行业特色来看，校园亭台雕塑主要突出建筑特色，同时又兼容和扩延科学美、自然美和艺术美等形式，呈现出的是大学文化精神所倡导的人与人、人与社会、人与自然的和谐。

（6）依托校企合作突出友好交往。由学院牵头组建的湖南建筑职教集团是由多所高中职院校和骨干企业在自愿、平等、互利的基础上，以培养高素质技术应用型人才为宗旨，以共建共享共赢为保证组成的跨地区、综合性、多功能、多层次的教育集团。这些企业与学校就共建学生实训基地、"订单式"人才培养、科技开发等领域展开深度合作。学院要突出湖南建筑职教集团校企合作、友好交往的特征，通过规模化运作，实现资源的最优化组合，整体提高学院适应市场的竞争力，以推进湖南建筑业发展。

（7）立足校外基地提升学生素养。学院认真贯彻党的教育方针，坚持社会主义办学方向，落实立德树人根本任务，始终把"一切有利于学生的健康成长"作为各项工作的出发点和归宿，注重教书育人、管理育人、服务育人。学院要建设一批校外思想教育实践基地，加强与社会的联系，让学生更快更好地了解社会、融入社会。校外实验实训基地是培养学生综合素质、提高学生实践技能的重要平台，也是学生认识社会，提高就业本领的重要保证。同时校外实验实训基地也将成为展示学院学生风采、让社会了解学院的重要窗口。

（8）建立与属地单位的友好往来关系。积极参与属地党政机关、企事业单位和驻地举办的相关活动，建立互惠互利、平等友好的关系，以营造和谐温馨的校外交往环境。与驻地周边的向家塘社区、华金社区等开展友好共建活动，强化社区服务。与湘潭市途径学院校区的多路公交车建立文明坐车、安全出行友好共建活动。

（9）评选"文明教室""文明寝室""党员示范寝室"。教室、寝室文化建设是培养大学生从日常学习生活中受到各种新的时代精神的熏陶，摒弃陈旧的生活文化方式，接受时代生活文化方式培养的一种新文化模式，也是对大学生进行习惯养成教育的主阵地，还是培养团队精神、养成良好生活习惯的育人园地，这对于培养职业人才的生存适应性具有十分重要的意义。学院每年度进行一次"文明教室""文明寝室""党员示范寝室"的评选，并公示挂牌，实行每天一检查、每周一小评、每月一总结。

（10）设立人性化标识标牌。在校园道路交叉处、建筑物前设立人性化灯标指路牌。在公共场所悬挂、张贴生活小贴士、服务指南等温馨字语的提示牌，小小提示牌体现了学院注重细节服务的生活理念。方方面面的生活小贴士让同学们掌握许多有用的名言警句、生活小窍门。如在食堂张贴"一粥一饭,当思来之不易；半丝半缕,恒念物力维艰"等标语，使学生养成良好而文明的就餐习惯，形成"文明有序，节俭卫生"的就餐风尚。在浴室的醒目位置张贴精心设计的洗浴温馨提示牌，温馨提示牌以幽默活泼的卡通设计为主基调，讲解语言生动。

（三）基于自觉约束的制度文化建设

1. 制度文化建设的内容

（1）让质量标准体系成为精细化管理的标准。在高校教学与行政管理上引进企业先进 IS09001 质量管理体系，是高等职业教育可持续发展的一条值得探索的有效途径。将 IS09001 质量管理体系引入到高校教育教学、学生管理、后勤保障和科研等日常管理中，不仅有利于教育质量的改善和提高，而且也会将质量管理体系文化逐渐引入高等职业教育系统之中，使质量评估成为高校的自觉行为。ISO9001 教育质量体系明确了各个岗位的职责、权限和相互关系，确定了各项工作的程序，以确保学校每一管理层和工作环节的准确性和高效性，依靠严格的管理制度控制整个管理过程，杜绝中间任何环节出现不规范行为，使学生、家长和用人单位对学校的人才培养质量产生安全感和信任感。学校的产品是教育服务，不断完善和更新质量标准体系文件，对教育教学、管理等全过程进行控制，能够使学校的内部管理变得有序畅通，使质量观念得到快速提升；能够提高学校知名度，更好地获得社会各界尤其是学生、家长、用人单位的信任支持，最终得到良好的形象展示和业绩评价，提升办学质量。

（2）让依法治校成为管理者的行为习惯。加强制度建设，建立和完善符合现代大学制度建设的内部管理制度体系，依法规范决策体制、完善决策过程和工作规则，实现决策的程序化、科学化，特别是重大决策的民主化。建立和完善党委会、院长办公会议事制度；坚持教代会民主管理制度，按照规定开好双代会；重视团代会、学代会的作用；完善和切实执行院务公开制度，建立和完善情况通报制度、情况反映制度和重大决策征求意见制度；充分发挥各民主党派的建言献策作用，发挥各级人大代表、政协委员和离退休老同志在民主监督和参与管理中的积极作用。加强法治宣传教育，促使师生员工对法律法规的熟悉感、法治精神的认同感、法治实践的参与感明显提高，尊法学法守法用法的能动性、自觉性明显增强。依法治校向纵深推进，学院办事依法、遇事找法、解决问题用法、化解矛盾靠法的法治环境明显改善，学院管理的法治化水平明显提高。

（3）让教书育人成为教师神圣职责和义务。大力倡导"弘德精业，正己立人"的教风，鼓励和引导教职工自觉在政治思想上、道德品质上、学识教风上率先垂范，为人师表。完善师德考评制度，把教职工的道德自律和有关制度的外在约束结合起来，保证师德建设的时效性和长期性。建立激励与约束机制，引导教职工德才兼修。每学年评选表彰一次师德、精神文明建设先进单位和先进个人及优秀辅导员，树立典型，进行宣传学习，为教师的道德行为提供示范。同时，对违反职业道德的教职工予以及时处理，以严肃教风，净化师德环境。建立一套健全、可行、公开、严格的制度体系，不断完善师德建设机制。完善教师培训制度，对每年引进的人才进行师德和本校规章制度培训；建立谈话制度，院领导和相关部门负责人每学期要对新上岗教师进行履行师德规范的谈话，帮助新上岗教师一上岗就树立以德治教的意识；完善制约学术失范的规章制度，建立公开、公平、公正的学术评价制度；加强学术合作和交流，实事求是地评价教师的科研成果。

（4）让全面发展成为学生的自觉追求。建立和完善学生管理制度、学生组织规范、学生行为规范和各类规章制度，充分发挥制度文化在育人和高雅行为养成中的功能。将全校各方面的规章制度汇编，作为处理校内各项工作的依据。在加强高校校园制度文化建设中要体现以人为本，做到既约束人又激励人，既依法治校又以德治校，真正贯彻实施尊重、理解和关心人的人性化管理制度。制定的制度应更多地以激励为主，尽可能关心每一位学生的情感，关心每一位学生的价值和奉献，充分调动学生的内在潜能和热情，促进其全面发展。大力开展各类渗透人文关怀的活动，使学生的各种情感需要在活动中得到满足和发展，避免各种形式的异化。可以通过大力发展学生社团活动，满足不同兴趣爱好、不同个性的学生的发展需求，通过开展各类竞赛活动为不同特长的学生在不同方面实现自我价值创造条件，通过各类奖励活动激励学生更加发奋学习、勤勉工作。完善和健全以人为本的学生管理制度体系，在校园内创造一种良好的制度环境和文化氛围，能积极地影响、熏陶、启迪学生，并要求、规范、教育学生完善美好人格。

（5）让服务育人贯穿后勤管理始终，加强后勤制度建设，完善各项管理制度，不断制定、修改、完善切合实情、易操作、行之有效的规章制度，对重点制度进行反复研究和修改，使它们更加符合学校工作实际。主管后勤工作的院领导要对后勤工作做到勤思考、勤观察、勤检查。完善和健全服务育人的后勤管理文件体系，可以有效地规范和约束后勤工作人员在服务育人方面发挥应有的作用。高校后勤改革需要不断深化，服务育人工作更需要不断改进。

2.制度文化建设的措施

（1）完善文件编制、发放和管理机制。进一步完善校园内各种文件的编制、发放和管理机制。具体包括党和国家颁布的教育方针、政策、法律、规章，政府主管部门制定的各类章程、规则、指示、命令等，更多的是学校结合自身实际而制定的大量有关教学、科研、工作、学习、日常管理等规章制度。同时，制度在实施过程中要对学校师生员工（特别是大学生）价值观、行为方式、舆论导向起到应有的引导和心理体验作用，即制度内化为个体符合制度规范的自觉要求。通过制度的宣传、贯彻、执行把外在要求转化为内在的需要，从而形成一种良好的制度文化氛围。

（2）加大制度执行的力度，做到令行禁止。校园制度确立的意义就在于要付诸实施，制度实施的整个过程和一切活动都是在实现某种目的，校园制度实施过程中必须注意此项制度建立的目标是什么。校园制度实施是一种目的性很强的活动。制度执行具有经常性，高校管理部门不仅要贯彻执行某种特定目的的制度，还要执行大批的例行性目的和程序性目的的制度，而且大部分的活动都属于例行性和经常性的，因此，各种管理机构日常所做的繁杂的具体工作，都应纳入制度执行、实施之列。制度执行具有灵活性。制度的执行或实施是把高校决策管理的目标具体化的过程，要因时、因地制宜，具体问题具体分析，切忌千篇一律。

（3）加强对制度执行的督促检查。校园制度的督促检查主要有两个方面：一是在制度实施的准备阶段，二是在实施、执行制度的过程之中。在制度实施的准备阶段就要加以控制，以保证将来的实际结果能达到设想要求，尽量减少偏差。这个阶段的检查，其中心问题是使制度执行过程中的各个方面合乎标准、法治化要求，切实做到防患未然。校园制度的监督和反馈是在校园制度执行之后进行的控制，检查制度的执行是否按期待的方式发生，衡量最终结果是否有偏差。校园制度的督查反馈虽然主要不是为了保证现行校园制度的圆满执行，而是为了有利于下一个环节的工作得以顺利开展，但它为评价、指导及修正将来的制度奠定了基础。

（四）基于文明守信的行为文化建设

1.行为文化建设的意义

（1）抓好校园行为文化建设，能促进校园文化总体建设的发展。在校园文化建设中，校园行为文化建设是关键，必须紧紧抓住校园行为文化建设这一关键，以促进校园文化底蕴的不断增厚，推进校园文化建设提质增效、守正创新。

（2）抓好校园行为文化建设，能促进学校德育工作的深化。校园行为文化是一种具有主导性、严肃性、生动性、科学性的文化，具有整合和导向的功能。它能通过各种活动，包括政治活动、文体活动、社会实践活动、扶贫济困活动、普法宣传活动等，帮助师生员工形成正确的价值取向、自觉的行为规范、严谨的治学精神、高雅的行为方式，起到以德育人、以教化人的积极作用。所以，必须抓好校园行为文化的建设，以使德育工作不断得到深化、更富成效。

（3）抓好校园行为文化建设，能促进教育教学质量的提高。校园行为文化建设与教育教学工作的关系，是相辅相成、相互包含、相互促进的。认真抓好校园行为文化建设，就能帮助师生员工建立合理的知识结构，使师生员工的综合素质得以全面提高。实际上，行为文化建设的过程，就是实施素质教育的过程，就是以文化人、以文育人的过程。

2.行为文化建设的内容

（1）增强参与活动与组织活动的能力。在校园文化建设实践中，学生始终是校园文化的建设者、实践者和最大受益者。发挥大学生的主体作用，让他们在校园文化实践中正确地认识自我和评价自我，激发他们参与校园文化建设的积极性和创造性，对广大学生的成长具有非常重要的意义。因此，校园文化活动必须发挥大学生的独立性和自主性，要充分尊重大学生的创造精神，发挥他们的聪明才智，放手让他们自己组织开展各种文化活动。在自主性的文化活动中，大学生的实践能力得到锻炼和提高，大学生的思想政治素质也会得到发展和完善。同时，大学生经常自主性地参与活动与组织活动，不仅可以激发他们对文化活动的热情，而且还可以培养当代大学生的独立自主精神。

（2）具备健全的体魄和健康的心理。在学校教育中要加强智能行为、技能行为、体能行为和道德行为的教育，全面提高学生的综合素质，让学生具备健全的体魄和健康的心理，培养学生强烈的社会责任感。要爱国家、爱社会、爱他人，从身边的每一件小事做起，以此来规范和约束学生的行为，提高学生的道德水准。同时，也不能忽视学生的健康教育，要加强学生的体能锻炼。通过校运会和各种体艺竞赛活动培养学生对体育运动的爱好，以此引发学生自觉的体魄锻炼行为。还要通过各种形式的实践活动，开启学生的智能和提高学生的技能，以及快速适应社会的能力。

（3）掌握正确与人沟通交往的方法。高校培养的是高素质人才，学生职业技能的培养方式与学习方式是办学特色的重要表现形式，而专业技能大赛、实践教学、顶岗实习、考取职业资格证书等一系列行之有效的技能培养方式都是行为文化的有机组成部分。随着技术更新速度的不断加快，教育行为还必须同时考虑学生的可持续发展问题，学生的学习能力、沟通能力、信息获取与处理能力、转岗能力、心理适应能力、自我约束能力等跨职业行为能力的培养，必须纳入特色行为文化建设体系。

（4）提高自我安全防范意识。人的需要是多重的，在人的需要体系中，安全需要处在十分基础性的地位，它构成了其他各种高层次需要的前提。在校园行为文化建设中，必须提高自我安全防范意识。校园是广大学生和教师学习、工作和生活的场所，校园安全直接关系着广大教师和学生的切身利益。校园安全措施得力，自我安全防范意识强，是广大教师和学生正常学习、生活的重要保障。因此，在行为文化建设中，学院要构建符合校园特点的网格化校园安全防范体系，注重发挥各个方面的积极性，提高自我安全防范意识。要倡导校园安全大家共同建设的理念，促进大家都关心校园安全建设，共同维护良好的校园秩序，维护校园的安宁。为此，学院要强化安全防范意识，经常性地进行校园安全大检查，及时发现问题，及时排解安全隐患。同时，注重培养大学生安全意识，增强学生的自我保护能力。

3.行为文化建设的措施

（1）组建大学生社团，积极开辟第二课堂。本着"突出学术科技型、加强志愿服务型、优化文体艺术型、鼓励兴趣爱好型"的思路，调整学生社团布局结构，保持 40 个左右有影响的学生社团规模，落实每个学生社团"有一位指导教师、有一个挂靠单位、有一项特色活动"的学生社团"三个一"建设要求，每年推出不少于 40 项的特色活动。坚持"奉献、友爱、互助、进步"的宗旨开展青年志愿者服务，按照"立足校园、面向社会"的志愿服务活动原则，鼓励在校大学生争做注册志愿者，保证每位注册者每年不少于 48 小时的志愿服务活动，青年志愿者协会积极指导各分会每年至少开展 100 项形式多样的志愿服务活动。

（2）开展形式多样的校园文化活动。开展弘扬社会主义核心价值教育主题实践活动。每年举办一次以"创优美环境、树优良学风、做文明建院人"为主题的爱校周活动，开展一次以"我爱我家"为主题的文明宿舍创建活动，大力开展学生课外科技学术活动，营造生动活泼、健康向上的校园文化氛围。进一步加强以教学实践、专业实习为主要内容的实践教学，做好新生开学的军训工作。深入开展社会调查。继续做好文化、科技、卫生"三下乡"和科教、文体、法律、卫生"四进社区"活动。稳定和扩大社会实践基地，每个系、每个专业都建立相对固定的基地。

（3）举办一年一度的文化、体育、艺术节。办好大学生科技节、专家学者论坛和青年学子论坛，着力培养学生较强的科研意识、创新精神和实践能力。按照"大型活动届次化精品化、中型活动系部化特色化、小型活动社团化经常化、品牌活动班级化普及化"的活动思想，积极开展各类特色鲜明、参与面广的大学生文化、体育、艺术活动，精心打造读书节、技能节、就业节、文化艺术节、"五四"歌咏比赛、田径运动会、元旦晚会、迎新晚会、大学生辩论赛等品牌文化活动，进一步丰富文化生活，提高学生综合素质。

（4）构建心理卫生教育与咨询体系。当代大学生个性张扬，自我意识强烈，面对纷繁复杂的群体现象，学生心理状况也是十分复杂的。因此，构建心理卫生教育与咨询体系是十分必要的。关爱学生，把"爱"字作为加强思想政治工作的突破口；理解学生，潜心研究思想政治工作的针对性；沟通学生，深入了解思想政治的动态性；对有心理障碍的学生，及时进行心理咨询，采取逐级排除的方法，实行"一名学生、一个干部、一套班子、一套方案、一抓到底"的"五个一"工作职责，实施有效的跟踪服务。

（5）构建以辅导员为主体的生活指导体系。在指导学生的生活方面，重点对宿管老师和辅导员进行培训，把好指导关。自新生入学的第一天起，就必须严格按照宿舍管理规定抓好学生的行为规范，要求宿管老师带领学生干部天天查，辅导员天天督促，社区服务中心月月考评，包括寝室内务整洁、空气清新、物品摆放一条线、厕所无污垢、地面无垃圾，使之成为大家庭的共同习惯。不仅如此，还通过寝室文化建设，开展以"雅舍"为主题的评比活动；开展以"平安家园"为主题的"消防、治安"寝室安全教育活动，每年不少于四次安全讲座、消防演习和安全图片展；开展以"我运动、我健康"为主题的"篮球、拔河"寝室运动赛等一系列的活动，促进学生行为的良好养成，有效拓展寝室文化氛围，全面提高学生综合素质。

（五）基于廉洁公正的廉洁文化建设

1.廉洁文化建设的目的

通过校园廉洁文化建设系列活动的有效开展，充分发挥廉洁文化在学院党风廉政建设中的教育、示范、熏陶和导向作用，确保廉洁文化教育工作经常化、制度化、规范化，为优化育人环境，促进和谐校园和党风廉政建设，丰富校园文化建设内涵，营造风清气正的校园文化氛围打下良好基础，促使党员领导干部勤政廉洁、遵纪守法，促使广大教职工廉洁从教、服务学生，促使广大学生敬廉崇洁、诚信守法，逐步构建具有学院特色的廉洁文化教育活动长效机制。

2.廉洁文化建设的内容

贯彻落实《中共湖南省委关于推进清廉湖南建设的意见》中对建设清廉学校提出的要求，加强学校思想文化阵地建设，把清廉文化教育融入教育教学全过程加强新时代师德师风建设，营造良好育人环境。

将廉洁文化渗透到落实党风廉政建设责任制工作中。要把廉洁文化进校园作为党风廉政建设的重要组成部分，将其具体要求分解、细化到目标责任书中，与党风廉政建设和反腐败工作一道进行考核和检查。

将廉洁文化渗透到学校党建及日常管理工作中。各部门要把校园廉洁文化建设与党建及日常管理工作紧密结合，一并纳入师生员工的日常思想政治教育内容，通过开展廉洁文化论坛、辩论赛、文艺演出、书画展、观看反腐倡廉影视作品、建立廉洁教育网络等多种形式，加强师德、师风和校风教风建设，增强师生员工依法从教、廉洁从教，争做师德表率和育人模范的自觉性，自觉抵制学术不端行为和浮躁习气。在学生入党、考试考核、评奖评优、论文设计、答辩以及重大活动等学生管理的关键环节，学生教室、寝室等关键活动区域中，在新生入校教育、毕业生择业就业指导等关键时段，严格把关，坚决查处弄虚作假行为，对学生进行潜移默化的教育。

将廉洁文化渗透到德育教育工作中。要将校园廉洁文化建设的相关内容及要求自然地渗透到德育教育工作中，融入学生党团课、思政课及就业指导课的教学计划，纳入党员干部的教育培训计划，纳入院报、网络等媒体的宣传计划，使两者融为一体，互相促进。通过开展理想信念教育、基础德育教育、传统美德教育、法治意识教育和考风考纪教育，切实加强师德师风建设和学风建设，使作弊可耻的观念深入学生心中，让学生在潜移默化中养成以廉为荣、以贪为耻的道德观念，树立高尚的理想情操和良好的道德品质。

将廉洁文化渗透到专业课的教学中。既要充分发挥思政课主课堂、主渠道、主阵地作用，又要在专业课教学中，紧密结合建筑行业的特点，紧紧依托教师在工程建设领域的专业优势，以正在开展的工程建设领域突出问题专项治理工作为切入点，有意识地挖掘、利用廉洁教育资源，使学生既学到文化知识，又受到廉洁文化的熏陶。

将廉洁文化渗透到校园文化建设中。要充分发挥校园文化生动活泼、形式多样的优势，利用现有校园文化的平台，加载精神境界、价值观念、道德修养、敬业精神、人格品德、廉洁操守等教育内容，进一步提升校园文化的品位，使广大师生在丰富多彩的文体活动中受到廉洁文化的教育和熏陶。

将廉洁文化渗透到反腐倡廉"大宣教"工作格局中。要深入研究廉洁文化教育的规律，进一步改进教育方式方法，充分运用各种媒体和载体，在校园网、广播站、院报中开辟反腐倡廉教育栏目，多途径、多渠道、多手段开展全方位、多层次的校园廉洁文化建设，切实增强教育的针对性和实效性，使廉洁文化教育真正入情入理、入脑入心，取得实效。

3.廉洁文化建设的措施

（1）加强领导、健全机制。成立廉洁文化进校园工作领导小组，建立健全党委统一领导、党政齐抓共管、纪检监察和宣传部门牵头组织协调、部门各负其责、师生员工积极参与的校园廉洁文化建设协调机制。

（2）提高认识、落实责任。充分认识新形势下对党员干部、教师和学生开展廉洁文化教育的重要意义，切实增强责任感和使命感，院纪委是全院廉洁文化建设工作的牵头单位，各级党组织、各部门是廉洁文化建设的责任主体。各单位要把校园廉洁文化建设作为思想道德教育的重要内容，纳入本部门工作总体规划之中，统一研究、统一部署、统一落实。要结合自身实际情况，制定切实可行的廉洁文化建设实施方案，并创造性地开展好此项工作。

（3）突出重点、讲求实效。加强校园廉洁文化建设，必须注重实际效果，摒弃形式主义。要结合各部门特点和实际，善于发现和利用本部门的宣传教育资源，充分发扬自身优势，挖掘自身潜力，找准廉洁文化育人的工作着力点，抓住重点，突出特色，着力在提高廉洁文化教育的吸引力、影响力和参与度上下功夫。

（4）健全制度、狠抓落实。各部门要把校园廉洁文化建设与建立健全反腐倡廉的各项制度有机结合起来，注重推进从源头上防治腐败的制度改革和创新，进一步建立健全相关的规章制度。与此同时，要对制度的落实情况定期进行督促检查，认真落实问责制，增强制度的权威性。

五、实施方案

（一）工程文化建设实施方案

1.实施目标

将工程文化融入学校教育教学全过程，充分挖掘建筑工程专业知识中蕴涵的理论价值、应用价值和能力价值，以职业理想信念教育为核心，引导学生树立正确的工程价值观，牢固树立质量意识、安全意识和节能环保意识；增强学生的社会适应能力和就业能力，提高科技创新能力和可持续发展能力，培养工匠精神与人文精神相融合的全面发展的高素质人才。

2. 实施思路

成立工程文化建设实施工作组；到湖南建工集团及所属各公司、其他校企合作企业开展调研；编写工程文化相关读本；在各种教育活动中体验职业角色，培养职业情操和工程价值观；将工程文化有效融入教育教学过程。

3. 实施内容

（1）定期开展工程文化调研。每年组织人员到湖南建工集团及所属各公司、其他校企合作单位调研企业文化、工程文化情况，并编写工程文化相关读本，发放给学生学习使用。

（2）将工程文化有效融入教育教学全过程。经常性组织学生到实训基地进行技能训练，通过技能训练使学生受到模拟企业生产第一线环境的感染、熏陶，养成严谨的职业习惯。规范学生的日常生活行为，严格执行按时熄灯，按时就寝，不迟到、不早退的规章制度，增强学生对学校纪律的认同感，使他们自觉养成严谨的学习生活习惯，以适应现代建筑企业对员工的纪律要求。用教师在教学过程中表现出来的价值观念、思维方式和行为规范，感染与带动学生热爱专业，憧憬自己未来的职业，了解专业对口职业的前景，知晓职业礼仪，明确道德规范与责任，产生强烈的职业认同与归属感。

（3）定期组织开展形式多样的主题教育活动。一是举办一年一度的鲁班科技文化节。包括工程文化演讲、工程文化成果展、科技成果比赛等，促进工程文化建设的纵深发展。以校内实训场所为中心的校园实训基地，以计算机网络为环绕的现代信息系统，使学生完全置身于接受工程文化熏陶的园地。加强实验实习环节的教学，让学生在具体的工程实践中体验工程文化的内涵和要求。二是每年4~6月组织开展"安全与法纪教育月"活动。认真组织学习《建筑法》及其相关法律法规和技术规范、标准，做到在实验和顶岗实习的施工活动中，合理安排工艺流程，杜绝不按图施工、不按顺序施工、偷工减料的现象，深入开展质量隐患排查整治活动，严控工程质量低劣及质量事故的发生，培养学生的工程质量意识。三是每年6月份开展"安全生产月"活动。通过剖析建筑安全事故案例，逐步做到使每个学生时时处处都把安全记在心上，落实到行动上，做到不伤害他人、不伤害自己、不被他人伤害和保护他人不受伤害，牢固树立"安全第一"的意识。四是在每年的"6·5"世界环保日开展"我与绿色建筑"主题活动。建筑设计专业的学生要思考在充分考虑建筑功能和特点时如何满足生态节能环保要求，以功能决定形式，实现建筑艺术和技术的融合。建筑施工专业的学生要思考在施工过程中合理处理建筑垃圾，不对环境造成污染。提倡建筑装饰、机电安装专业的学生采用新材料、新技术，满足节能环保的要求。五是每年组织学生开展职业技能大赛系列活动。切实提升广大学生专业技能水平和职业素养。结合不同专业广泛邀请在一线工作的企业技术人员与在校生同场竞技，在实战过程中切实提升广大学生的职业技能水平。六是定期开展企业家讲坛活动。为学生树立正确的职业信念、培养良好的职业道德、制定合理的职业生涯计划起到科学的指导作用。系部党总支书记、系主任挂帅，带领全系教师，多渠道邀请行业、企业资深的专家为学生举办关于优秀企业理念、行业发展状况等一系列的讲座和报告。七是开展优秀校友交流会。邀请工作业绩出色的优秀校友给广大在校生传授宝贵的工作经验、感想体会，使在校学生在引以为荣的同时，切实体会到理想与现实的差距，从而找准自己的定位，及时弥补自身不足。

表1 学生工程生涯体验活动一览表

序号	活动名称	预期目标
1	职业生涯体验	了解专业、了解职业岗位
2	顶岗实习与实训	了解工程特点，提高专业技能
3	实训业绩竞赛	培养竞争意识、团队精神
4	模拟职业面试	熟悉职业规范、职业道德
5	职业生涯规划	培养创新意识、创新精神
6	学习成果展	展示职业素质、学习效果
7	创业争霸赛	展示创新精神、竞争意识

表2 学生职业素质培养大型活动一览表

序号	活动名称	预期目标
1	鲁班技能竞赛节	提高专业技能，培养创新精神
2	鲁班科技文化节	营造工程文化育人氛围
3	安全生产月	牢固树立工程安全意识
4	"我与绿色建筑"活动	增强建筑节能与环保意识
5	企业家讲坛	行业规范的指导与培养
6	优秀校友论坛	就业创业教育

（4）实现校企文化的互动与融合。仿效企业实施视觉识别系统，突出职场化、企业化等特点，让学生直接感受企业化、职场化氛围。如砌筑实训，实训场地就是仿真工地，设项目经理、施工员、质检员、技术指导等，由学生轮番担任，切实做到明确自身的责任。实验室采用湖南建工集团识别系统要求：悬挂湖南建工集团徽标；悬挂湖南建工集团企业精神用语：一流、超越、精作、奉献；悬挂工地责任人名单；悬挂工程情况简介；悬挂安全标志；进入工场需穿着工作服，佩戴安全帽。利用学生社团活动宣传、介绍优秀企业文化。社团是推动校园文化建设、优化成才环境、提高大学生综合素质等至关重要的窗口，也是联系校园文化与企业文化的桥梁和纽带。利用社团活动宣传、介绍优秀企业文化，引入的企业文化要与本专业（行业）乃至未来就业的岗位对口，起到实际效果。

（5）让学生在生产实践中体验工程文化。充分利用学院与国家火炬创新创业园毗邻的有利条件，利用高新区孵化基地，通过几年的努力，把科技创新创业园建设成为科技创新和辐射基地。建立学生创业公司，让学生在实际操作过程中加强创业体验，积累创业经验。组建学生创业社团，创业教育有实践操作。学校组建"未来企业家协会"等校园知名创业社团，每年举办"创业策划"大赛、"挑战杯"创业竞赛、"职业实践大赛""创业训练营""生存训练营"等竞赛式创业模拟训练，引导学生在创业大赛中深化创业认识，修正创业目标，为今后创业打好基础。建立一支来自有关部门和行业领导、企事业单位负责人、法律专家、企业家、职业经理人组成的校外"创业导师"队伍，对学生进行创业培训。

（二）环境文化建设实施方案

1.实施目标

通过环境文化建设，形成和谐校内环境和友好校外环境，营造健康向上的育人氛围，为广大学生的成长、成才提供可靠的文化支撑。

2. 实施思路

成立环境文化建设实施工作组；新校园建设工程注重环境文化的营造；切实抓好校内环境综合治理和标识规范；发挥湖南建筑职教集团的作用，建设校外实践教学基地，构建良好校外环境，提升学生职业素养；将环境文化有效融入教育教学过程，在各种教育活动中宣扬环保意识，体验环境文化。

3. 实施内容

（1）新校园建设工程注重环境文化的营造。根据新校区校园规划，结合学校实际财力，分期把新校区建设成布局合理、功能齐全、设施先进、绿色环保的校区。第一期完成学生宿舍、图书馆、风雨操场、田径运动场及其他运动场地、道路管网等的建设。第二期完成土木系馆、公共教学楼等的建设。第三期完成实训综合大楼、学术楼等的建设计划，完善校园绿化及人文景观工程等项目。

（2）校内环境建设突出建筑文化，营造行业环境。在校园内树立鲁班塑像，建造鲁班文化长廊、鲁班文化广场，对鲁班其人其事进行展示，让学生了解鲁班、认识鲁班的发明、创造及其对土木工程的历史贡献，激发学生争做鲁班传人的热情，帮助他们树立从业信念。统一校内建筑物色调，建造具有自身特色的标志性建筑物。校园建筑物和自然景观命名突出校园文化氛围和建筑文化特点。

（3）突出湖南建筑职教集团校企合作、友好交往特征。发挥湖南建筑职教集团的作用，突出建筑职教集团校企合作、友好交往的特征，通过规模化运作，实现资源的最优化组合，整体提高我院适应市场的竞争力，推进湖南建筑业快速发展。同时，建设一批校外思想教育实践基地，加强与社会的联系，让学生更快更好地了解社会、融入社会。

（4）抓好校内环境整治，创造和谐温馨的生活场地。开展校园环境综合整治。完善校园内各场地（如教学楼、办公楼、宿舍楼、实训场、学生宿舍、校园等）卫生标准，制定教室文化、寝室文化、办公室文化建设规范，每年组织开展一次文明评选，推进校内文明建设，巩固湖南省文明高等学校、湖南省文明校园建设成果，争创湖南省文明标兵校园。设立人性化标识牌。要求颜色柔和，视觉角度精心定位，不伤眼。这些路牌还有不同的颜色，教学区用赭红色，休闲区、生活区分别用绿色和蓝色。在食堂、澡堂等公共场所和龙头、开关等公用物品处悬挂、张贴生活小贴士和服务指南等温馨字语的提示牌，体现人本思想，彰显服务理念。安放保护环境并可资源利用的垃圾桶，标识可回收、不可回收，做到分类回收。

（5）规范校内各类标识，彰显建筑行业特色。教职工佩戴统一制作的标有职务、部门、姓名的工作牌。所有办公桌摆放标有使用者职务姓名、负责工作范围的桌面卡。所有正式在册的学生，一律以学校统一编排的学号为编码标识。教学环节、教学手段、教学设备、教学软件的名称也按规划设计中的统一命名标识并使用。空间区域、设备设施等也按规定统一标识。规范化的标识系统可以让学生体验到建筑行业科学严谨、精益求精的工作作风。

（三）制度文化建设实施方案

1.实施目标

立足构建现代大学制度，建立健全内部管理制度体系，依法规范决策体制、完善决策过程和工作规则，实现决策的程序化、科学化，形成良好的制度文化氛围；加大制度执行的力度，加强对制度执行的督导，形成以人为本，既能实现自我约束，又能促进人的全面发展的运行机制。通过制度文化建设，形成既能实现自我约束又能促进人的全面发展的运行机制。

2. 实施思路

成立制度文化建设实施工作组；建立健全管理制度体系，汇编全院各类规章制度；进一步完善以质量管理体系为支撑的精细化管理运行机制，推进内控体系建设；加大制度执行力度，做到令行禁止，将制度文化有效融入教育教学过程。

3. 实施内容

（1）汇编全院规章制度。整理汇编的规章制度主要包括以学校名义正式印发的制度，现有《教学科研管理制度汇编》《学生手册》《支部工作手册》《文明高校建设制度汇编》《纪检监察工作手册》等制度汇编中涉及的规章制度，上级有关部门颁布的涉及学校各项工作的规章制度。各类制度按党群、行政管理、教学科研、学生管理、后勤服务等门类汇编成册。要着重完善学生管理制度，保证学生在使用教育教学设施、资源，获得学业和品行评价，获得奖学金及其他奖助等方面受到平等、公正对待，尊重和保护学生的人格尊严、基本权利，潜移默化地影响大学生思想和行为。

（2）建立和完善产教融合、校企合作办学新体制机制所需要的管理制度体系。按照构建现代大学制度的要求，进一步修订完善规章制度，通过2~3年时间形成较为完善的管理规章制度，并逐步建立起管理制度从立项到执行与监督等各个环节都按规操作的长效机制，构建起符合产教融合、校企合作所需要的管理制度体系，实现凡事有据可依，凡事有章可循，创造依法治校的良好育人环境。

（3）进一步完善以质量管理体系为支撑的精细化管理运行机制。以现行的 ISO9001 质量管理体系为基础，进一步明确岗位职责，依照人事定编定岗方案，修订完善涵盖学校各级各类岗位的工作职责，建立从长远规划、年度计划到日常工作的任务细分机制，实现凡事有人负责；建立健全教学、科研、管理和服务等各类基层组织的运行机制，明晰部门职能，优化管理工作流程，制定工作质量标准，完善质量评估管理体制机制，实现凡事有人监督。

（4）加大制度执行的力度，将制度文化有效融入教育教学过程。不折不扣地执行各项规章制度，不仅要贯彻执行某种特定的目的的制度，还要执行大批的例行性目的和程序性目的的制度，日常所做的繁杂的具体工作都要纳入制度执行、实施之列。在制度实施的准备阶段就要加以控制，以保证将来的实际结果能达到设想要求，尽量减少偏差，使制度执行过程中的各个方面均合乎标准、法治化要求。校园制度的监督和反馈是在校园制度执行之后进行的控制，检查制度的执行是否按期待的方式发生，衡量最终结果是否有偏差。充分利用校园网、校报、宣传栏、微信等平台，加强校园制度文化的宣传教育，使师生全面、深入、及时地了解各项规章制度，自觉规范日常行为，增强师生的制度意识，引导师生把学院的规章制度内化为自觉的行为规范和习惯。

（四）行为文化建设实施方案

1.实施目标

加强对学生的行为教育，培养学生的学习能力、沟通能力、信息获取与处理能力、转岗能力、心理适应能力、抗挫能力、自我约束能力；构建符合校园特点的网络化校园安全防范体系；培养学生的科技攻关意识、创新精神和实践能力，提高学生综合素质。通过行为文化建设，着力营造朝气蓬勃、积极向上的氛围和诚实守信、文明礼让的风尚。

2.实施思路

成立行为文化建设实施工作组；狠抓学生社团建设，搭建行为文化建设载体；编写行为文化相关读本；在各种教育活动中熏陶行为文化；将行为文化有效融入教育教学过程。

3.实施内容

（1）加强学生社团建设，搭建行为文化建设载体。调整学生社团布局结构，推进学生社团组织建设规范化、服务水平专业化、社团活动品牌化、管理制度体系化。鼓励在校大学生人人争做注册志愿者，保证每位注册者每年不少于48小时的志愿服务活动，青年志愿者协会积极指导各分会每年至少开展100项形式多样的志愿服务活动。加强社团组织建设，设立学生社联党支部，每个社团设立团支部，负责社团的党建和思想政治工作，突出思想政治引领。立足传统文化，设立人文社团；立足革命文化，设立"红色"社团；立足社会主义先进文化，设立理论社团；依托专业建设，设立专业社团；依托社区共建，设立对外服务社团。每个社团每月至少开展1次理论学习、1次社团活动，每名新生至少加入1个社团，每学期至少参与2次社团活动，形成"一社一特色，一生一特长"的局面。

（2）开展丰富多彩的校园文化活动增强学生行为体验。每学期开展一次学生素质教育先进典型大彰扬活动，每年暑期组织开展一次文化、科技、卫生"三下乡"和科教、文体、法律、卫生"四进社区"活动。每年4~5月举办鲁班科技文化艺术节。每年6月开展一次以"创优美环境、树优良学风、做文明建院人"爱校周活动，开展一次以"我爱我家"为主题文明宿舍创建活动。通过形式多样、丰富多彩的校园文化活动，促进学生整体素质的提高。以文明礼仪、文明课堂、文明就餐等为重点开展文明修身教育。利用重要节庆日、纪念日和重大活动，广泛开展以爱国主义为核心的民族精神和以改革创新为核心的时代精神宣传教育。广泛开展以弘扬中国特色社会主义文化为内容的各类文化活动，打造具有学院特色的文化活动品牌。积极组织师生观看高雅艺术演出、阅读经典书籍，营造格调高雅、健康向上的文化氛围。

（3）构建心理健康教育与咨询体系。坚持育心与育德相统一，优化教育教学、实践活动、辅导咨询、预防干预、平台保障"五位一体"心理健康教育工作格局。加强心理咨询室建设，创建湖南省示范心理咨询室。加强对心理协会工作的指导，依托心理协会构建学生心理卫生教育与咨询体系。依托"5·25"大学生心理健康日、"10·10"世界精神卫生日等时间节点，开展大学生身心健康专题教育活动；创新课外教育活动形式，开展心理健康主题班会、心理素质拓展、心理沙龙活动，每年开展一次心理素质普查并建立学生心理档案。

（五）廉洁文化建设实施方案

1.实施目标

通过廉洁文化建设，促使党员领导干部勤政廉洁、遵纪守法，促使教职工廉洁从教、服务学生，促使学生敬廉崇洁、诚信守法，逐步构建具有特色的廉洁文化教育活动长效机制。

2. 实施思路

成立廉洁文化建设实施工作组；编写廉洁文化教育读本；大力开展廉洁文化进校园活动，将廉洁文化有效融入教育教学过程。

3. 实施内容

（1）编写廉洁文化教育读本。组织人员挖掘廉洁资源，遵循青年学生认知规律，编写廉洁文化教育读本。读本要做到内容充实，适合建设类高校实际；文字精练，力求语言表达准确；案例精选，经得起推敲。既要有现实性，又要有前瞻性，不仅能使学生当前受到教育，而且还能影响到他们未来的人生道路。这里重点介绍三本读本。第一本是 2008 年湖南大学出版社出版的《大学生廉洁教育读本》（邓频声主编），它以通俗的语言，解释了什么是腐败，腐败的种种类型，腐败发生的原因，世界各国尤其是我国防治腐败的战略措施，从而向大学生普及有关廉政的基本知识。该书获得首届全国党员教育培训教材展示交流活动优秀教材。第二本是 2016 年武汉大学出版社出版的《大学生廉洁文化读本》（高宁主编），此书结合普通高等院校实际，精心选编了与普通高等院校学生所学专业及今后所从事职业息息相关的警示案例和从业道德规范，图文并茂，注重知识性与思想性的统一，既有理论探讨，又有典型案例；既通俗易懂，又发人深省。第三本是 2018 年合肥工业大学出版社出版的《新时代大学生廉洁教育读本》（张平主编），分为认识腐败、惩治腐败、预防腐败、远离腐败四个部分，以习近平新时代中国特色社会主义思想为指引，紧扣党中央对全面从严治党和反腐败工作的一系列部署，回答了什么是腐败、腐败的特征与危害等大家关心的热点问题，展示了党的十八大以来开展的反腐败斗争画卷，阐述了如何预防腐败，最后落脚点放在如何使新时代大学生远离腐败。

（2）大力推进廉洁文化进校园。廉洁文化建设的总体目标是通过以廉洁为主题的理想信念、道德观念、法治意识等教育形式，提高教职工爱岗敬业、廉洁从教的意识，增强学生清白做人、规范做事、遵纪守法的自觉性，在师生中达成"廉荣腐耻"的思想共识。在推进廉洁文化建设上，要坚持正面引导，把廉洁文化建设有机融入学院党建和思想政治工作，以正面事例和正面理论为主进行，把正面教育与反面教育结合起来。要创设载体、搭建平台，以廉洁氛围熏陶人、以优良风尚影响人。

（3）创新廉洁文化建设的有效途径。要发挥好课堂教学主阵地作用，将廉洁文化教育有机纳入课堂教学和培训计划，在思政课程中设置教学专题，在专业课程中挖掘课程思政典型案例；定期开设廉洁文化教育讲座，让学生在潜移默化中接受教育。要以校园网、校报、电视台、微信号等为载体，定期播放廉洁教育片、先进人物事迹、廉洁公益广告，并利用校内固化宣传阵地展示廉洁标语、宣传画等，营造廉洁文化育人氛围。要结合学生实际举办廉洁文化建设主题班会、演讲比赛、书画征文等活动，使廉洁文化教育在各项活动中得到体现。

（4）把廉洁文化教育融入人才培养全过程。将廉洁文化渗透到落实党风廉政建设责任制工作中，渗透到学校党建及日常管理工作中，渗透到德育教育工作中，渗透到其他专业课教学中，渗透到校园文化建设中，渗透到反腐倡廉"大宣教"工作格局中，在学生中有针对性地开展"敬廉崇洁""诚信守法"等主题廉洁文化教育活动，培养尊敬廉洁人物、推崇廉洁行为的情感，增强学生遵守法律法规和社会道德规范。

（六）保障措施

1.明确职责，加强督办

进一步明确校园文化建设工作领导小组和领导小组办公室工作职责，明确党委宣传统战部为牵头组织与协调部门，各系部、部门为具体实施部门。宣传统战部加强对本实施方案落实情况的督查督办，及时发现实施过程中存在的不足并协调解决，确保本项目建设工作的顺利进行。

2.加强质量检查与验收

由宣传统战部牵头，对照五个项目的验收要点，定期对项目开展情况进行检查与验收，对工作措施落实不到位或不力的部门及时予以工作指导，及时督促完成未按期完成的工作。

3.确保经费投入

为确保校园文化建设顺利进行，为校园文化建设提供雄厚的资金保障。紧密围绕创建校园文化建设的战略规划进行，广泛募集社会捐赠，支持文化建设，追求卓越的伟大事业，并逐步建立强大的文化建设资金保障体系。

4.建立长效机制

校园文化建设事关学校教育工作方方面面，学校全体教职工和每个学生都要积极行动起来，把这项工作作为学校的核心工作常抓不懈。学校要对在校园文化建设中作出突出贡献的部门和先进个人进行表彰奖励，并及时总结校园文化建设的经验，加强交流与研讨，逐步使校园文化建设制度化、规范化，努力使校园文化建设成为全院每个人的自觉行为。

六、运行模式

（一）主体多元，资源整合，全员参与

学院校园文化建设领导小组审批建设方案，基建部门具体承担建设工程，后勤部门负责附属工程和整体工程协调。实行校区联合、校企联合，吸收社区、企业资金和文化元素，构建社区、企业文化展示区域，引进企业产品和技术，吸取社区文化精华。充分发挥师生的主体作用，做到全员参与。

（二）依据规划，分步实施，分项管理

依据校园文化建设规划设计方案，按照年度资金预算规划，按照专业发展的需要和生态的季节性，分步实施。在项目建设中，实行边建设边分项管理的办法。

（三）明确责任，构建机制，注重效益

按照整体规划和项目建设方案，组织专业队伍进行精心设计和施工，确保工程质量和建设效果。信息化建设由计算机中心承担，音像系列由宣传统战部承担，园林景点文化由后勤服务中心承担，标志文化由党政办公室、宣传统战部承担。要逐步探索并构建加强校园文化建设的长效机制，使校园文化建设制度化、规范化，让校园文化建设成为全校每个人的自觉行为，确保本方案的实施并达到预期效果。

七、建设步骤

校园文化建设是一项长期的、系统的工程，要经历一个初步启动、逐步完善、定型和深化的过程。

（一）启动首期工程阶段

1. 成立校园文化建设领导小组

成立校园文化建设领导小组，负责校园文化建设的总体目标、行动纲领，组织各项活动宣传校园文化。

2. 制定完善各项规章制度

制度建设属于校园文化建设中的机制建设，是维系学校正常秩序必不可少的保障机制，具有导向、约束和规范作用。要制定科学可行的规章制度，尤其以校企制度文化对接为着眼点，为校园文化建设的顺利实施提供有力保障。

3. 充分调研分析论证

校园文化建设领导小组在校内组织关于校园文化建设的大讨论，调动全院师生员工的力量参与校园文化建设，组织到优秀企业调研，分析、论证企业的优秀文化，构建校企对接的校园文化目标。

4. 总结前期建设经验

校园文化建设是一个系统工程，要编制目标明确、责任具体、切实可行、逐步深入的实施方案。文化具有传承性，在建设中，要善于总结前期建设经验，继承与变革共存。

（二）全面建设与实施阶段

校企对接的校园文化建设应当是全方位、全过程、多层次的，涵盖整个招生、教学、就业的全过程，涉及校园物质环境、管理制度、精神文明建设和师生行为，需要全体师生员工共同努力。因此，应着重从以下几个方面全力推进。

1. 分项目构建体现校企对接的特色文化建设体系

本阶段要分项建设湖湘文化建设体系、企业文化建设体系、职业素质建设体系、科技文化建设体系、学生社团文化建设体系、学生寝室文化建设体系、校园景点文化建设体系。

2. 优化校企对接的校园文化建设方案

好的方案应该是科学可行、高效优质的。本阶段要依据文化建设的总体目标和分项建设目标，在总结既往经验及借鉴同类院校经验的基础上，优化方案，形成具体可操作的实施方案。

3.全面推行校企对接的校园文化建设方案

方案确定后要全面推行，把特色文化体现在校园的一草一木，一砖一墙上，彰显在师生的一言一行，一举一动中。

（三）系统总结与验收阶段

1.系统总结建设经验，公布建设成果

系统总结分项文化建设经验和总体建设经验，公布建设成果，这本身就是一种文化，是不可缺少的环节过程。

2.接受评审，通过验收

文化建设的所有过程、成果，要接受校园文化建设领导小组的评审验收，同时也要接受社会、企业、家长的评价及师生员工的内部评检。

八、保障措施

（一）组织保障

成立校园文化建设领导小组，其具体职责有：

1.负责正确把握校园文化建设的政治方向，确保校园文化的先进性，确保校园文化建设紧紧围绕立德树人的中心任务进行。

2.定期研究校园文化建设工作，积极解决问题，保障师生权益，调动师生参与校园文化建设的积极性。将校园文化建设纳入事业发展的总体规划，使之与全院的总体建设相适应。

3.结合本院工作实际，制定校园文化建设的实施细则及年度工作目标和措施，组织落实。

4.负责统一规划、组织、协调、检查、督促和落实校园文化建设的管理工作。

领导小组下设办公室，其工作职责主要是：

实施对校园文化建设项目的管理；指导各项文化建设的实施；协调项目建设中的有关事宜，监督检查项目执行情况；全面考核评估各项文化建设实施效果。

（二）专家保障

成立校园文化建设专家委员会，负责对各建设项目进行指导，并就校园文化建设方案的论证、评审等工作，充分发挥专家队伍作用，切实提升校园文化建设水平。

围绕校园文化建设的目标和任务，紧紧依靠资深专家组文化支撑作用，切实落实文化建设的各项措施：一是以专家为依托，在提高科学规划、统一标准上下功夫。分析挖掘研修资源，加强制度、文化建设，形成开放互动、积极反思的研修氛围；二是发挥专家文化优势，依据持续推进战略，寻找有效的抓手和平台，建立长效的文化教研运作机制，实现研究、实践一体，拓展建设途径，加速文化素养提高。

（三）经费保障

为确保校园文化建设顺利进行，为校园文化建设提供雄厚的资金保障，学院校园文化建设领导小组采取两种筹款措施，即校外筹款和校内拨款。关于今后筹款工作的目标和思路，工作应继续紧密围绕创建校园文化建设的战略规划进行，广泛募集社会捐赠，支持文化建设，追求卓越的伟大事业，并逐步建立强大的学校基金。

第二节　精神文化育人实践

校园精神文化是高校在长期发展过程中形成的一种特定的精神环境和文化氛围，是大学校园文化的核心和灵魂，主要指广大师生员工共享的价值观念、道德规范、精神面貌、心理素质、审美情趣、行为规范、文化传统以及各种认同的文化意识。校园精神文化是大学的内隐文化，是在长期的校园物质文化、制度文化和行为文化创造过程中积淀、整合和提炼出来的，是校园文化的核心和灵魂。深入推进校园精神文化建设有助于发挥校园文化的教育、导向、凝聚、激励作用，教育学生陶冶情操，规范行为、增长知识，以有形和无形的方式对学生进行世界观、价值观和人生观的教育。

一、弘扬社会主义核心价值观

社会主义核心价值观是社会主义核心价值体系的内核，体现社会主义核心价值体系的根本性质和基本特征，反映社会主义核心价值体系的丰富内涵和实践要求，是社会主义核心价值体系的高度凝练和集中表达。将社会主义核心价值观融入校园精神文化建设，不仅可以对师生的思想观念和行为准则进行正确的引导，让其自觉自愿遵守社会主义核心价值观的基本要求，同时还可以保证校园文化建设正确的发展方向。高校要通过理论教育和实践活动进一步加强师生践行社会主义核心价值观的积极性、主动性、自觉性和创造性，使广大师生将社会主义核心价值观的本质要求内化于心、外化于行。

高校要把社会主义核心价值观作为校园文化建设的纲领和灵魂，全面渗透到校园文化建设之中，通过丰富多彩的实践教育活动，创新学生思想政治教育的新载体，提高学生思想政治教育的针对性和实效性，引导学生自觉践行"富强、民主、文明、和谐，自由、平等、公正、法治，爱国、敬业、诚信、友善"的社会主义核心价值观，教育引导学生树立坚定正确的政治方向、独立自强的人格品质。

大学精神是学校文化的最高体现，包括坚定的目标追求、积极的进取精神、良好的团队意识、和谐的人际关系和独特的文化韵味。比如，建设类高校精神文化建设的重点，就是要在培育和践行社会主义核心价值观的基础上，在传承"吃苦耐劳、注重细节，勤于思考、锲而不舍，立足实践、刻苦钻研，敬业创新、精益求精"的鲁班精神的基础上，提炼出符合本校办学特色的核心价值观和学校精神，并使之成为全校师生员工所认知、所认同、所信奉、所实践的基本准则。

湖南城建职业技术学院在六十多年办学积淀的基础上，凝练形成了"明德建业，精作筑能"的学校精神（校训），为全体师生和广大校友所自觉践行与传承。"明德"语出《礼记·大学》："大学之道，在明明德，在亲民，在止于至善。""明德"即认同、践行和彰显美德，学校教育要坚持立德树人，以育人为本，德育为先，培养德智体美劳全面发展的人才；师生员工要以德为立身之本，爱党爱国爱民，友天友地友人，自强自省自悟。"建业"语出《孔子家语》："有本而能图末，修事而能建业。"要求我们尊重并真正接受自己的专业和未来的职业，把自己的专业和职业当作事业去追求，立足本职岗位，不断超越自我，建立辉煌业绩。"精作"有注重细节、精益求精、精雕细琢之义，作为建筑类院校，我们要倡扬"吃苦耐劳、注重细节，勤于思考、锲而不舍，立足实践、刻苦钻研，敬业创新、精益求精"的鲁班精神，践行"精心操作、保证质量、一丝不苟、精益求精"的建筑行业职业道德规范。"筑能"有增长才干、提高能力之义，要求教职工树立职业精神，不断提高教书育人、管理育人、服务育人能力；要求学生树立全面发展意识，学好专业知识、练就过硬本领、树立精作理念，修筑经得起时间和灾害考验的精品建筑。

同时，在推进精神文化育人过程中，湖南城建职业技术学院选取毛泽东同志在湖南第一师范读书时期读书笔记《讲堂录》里的两句话"真心求学、实意做事"为校风用语，既体现学院地处湘潭办学、传承和发扬伟人思想的理念，又通过青年毛泽东的敢为人先、积极奋进来教育引导全体师生，凝聚了学院办学理念、师生工作风格、道德要求和生活态度诸方面的内容，充分反映学院的整体价值取向，对治学、做事、为人具有明确的规定性，在适用对象上具有广泛的针对性、现实性、长远性和实践性。既可规范学生的思想行为，也可规范教职工的思想行为；既体现了创建学习型组织的要求，也体现了建设诚信团队的要求；既对受众具有即时教育意义，也对受众具有恒久教化意义；既能作为群体风尚，也能作为个人的座右铭。"真心求学、实意做事"传承了湖湘文化"心忧天下、敢为人先、经世致用、实事求是"的优良传统，体现了"吃苦耐劳、注重细节，勤于思考、锲而不舍，立足实践、刻苦钻研，敬业创新、精益求精"的鲁班精神的科学内涵，凝练了学院勇创一流、超越自我的拼搏精神与励精图治、坚忍不拔的顽强品性，彰显了全院师生追求卓越、创造辉煌的豪迈气概和脚踏实地、讲求实效的务实精神。良好的校风不是自然形成的，需要经过全体师生员工长期努力共同培育，并不断巩固、完善和发展。每一位师生员工都要做好践行校风的主体，强化责任意识，关心学校发展，以每人一点一滴的行动培育和维护良好的校风，推进学校精神文化建设，调节和激励师生员工的思想行为，培育和激发师生员工的群体意识和集体精神，促进师生员工的自我约束、自我管理和自我完善，推动学院高质量发展。

二、构建校园文化识别系统

精神文化是学校精神风貌的集中反映，高校要构建精神文化识别系统，寓精神文化于有形的物质文化之中。

（一）构建精神文化基本要素系统

大学精神是反映大学历史传统、特征面貌的一种精神文化形态，是一所大学长期积淀形成的共同追求、理想和信念，是大学文化的精髓和核心。高校精神文化基本要素系统主要有学校标志、标准字体、标准色等，是校园精神文化的基本体现。

标志：学校标志是学校形象的符号象征，是学校文化建设系统的核心基础。学校的标志即校徽，是以最简化的图形造型传达学校的精神内涵。校徽的设计要求简练、生动、鲜明，具有强烈的视觉冲击力，并要表达出学校办学方针和素质教育的精神内涵，独特的个性和时代感亦不容忽视，同时易于师生、校友和社会各界人士识别和记忆。

标准字体：学校的标准字体，即在任何情况下，学校名称出现所应用的专用字体。除公文处理需要外，均应采用校名标准字体。

标准色：标准色是用来象征并应用在所有的媒介上的指定色彩，是学校理念的象征。

（二）构建精神文化应用要素系统

精神文化应用要素系统的范围比较广泛，包括办公用品、服饰设计、标识识别等。

办公用品：如信纸、信封、便笺纸、笔、纸杯、台签、资料袋、文件夹等办公用品要结合视觉识别系统，将学校精神文化体现在其中。

服饰设计：工作服、文化衫等，在设计制作时要体现学校的标志、名称，在用色设计中要呼应标准色。

标识识别：招牌、旗帜、场地标识、标牌、交通工具的识别设计等，体现精神文化要素。

校史陈列室：以图文并茂的形式记录学校自建校以来的建设和发展历史，在布局和结构上除了考虑实际功能外，还要参照"基本要素"部分进行整体规划。

校园网站：校园网站是学校向全国甚至全世界传达信息及树立形象的重要途径，主页及子页要体现学校视觉识别体系。

新媒体平台：建立校园新媒体联盟，推动官方微信、视频号等各类新媒体平台"聚合联动"，打造新媒体传播矩阵。各类新媒体平台要在醒目位置标识学校视觉识别体系。

（三）构建精神文化行为识别系统

学校行为识别系统的规划设计是精神文化建设的保障工程，是实践学校理念与创新的办学运行模式，是对学校办学、行为方式进行统一规范的动态识别系统。高校要制定并颁布教职工行为准则、学生行为规范等基本行为要求，并将学校精神文化内涵有效融入，促进师生员工在践行文化理念过程中共同成长。

高校要重视教职工的行为文化建设，将对教职工的行为文化培养作为教育培训的主要内容之一，通过培训、讲座、研讨、论坛等多种形式开展对办学传统、学校精神、办学理念等大学文化的大讨论与学习，帮助广大教职工更新教育教学观念，转变教学方式方法，树立务实的学术态度和价值观。要注重学生职业道德行为的修炼，将吃苦耐劳、乐于奉献、踏实肯干、勤于钻研等行业品质要求作为重点内容纳入人才培养方案，加强职业行为规范教育，并认真落实到课堂教学、课外活动、实训实习、社会实践、教育管理等各个环节。加强大学生人文素质和科学精神教育，把文化素质教育落实到人才培养的全过程和教育教学各环节，建立起内容覆盖课堂教学、校园文化和社会实践的文化素质教育体系。

（四）构建精神文化环境识别系统

校园环境文化规划设计是学校文化建设的基础工程，具有处处传情、景景育人的环境效用，对师生起到"润物细无声"的影响。高校要让标志性建筑彰显学校特色，让建筑物命名蕴含文化精神，让花草植物传播文化知识，让亭台雕塑突出文化特征。比如，校园亭台雕塑是校园环境的重要组成部分，精美的亭台雕塑融多种艺术为一体，利用其独特的语言空间，将各门类艺术各自固有的审美特征不断渗透、交汇、同化，构筑成具有综合效果的美的校园建筑环境。一方面，它可以在一定的范围内真实、集中地突出行业特征，另一方面，它运用适当的艺术手段含蓄地表现了大学的文化精神，在抽象的艺术形式中注入具体的象征内容，引起学生的共鸣，赋予有限的形象以无限的意境。

三、推进校企精神文化融合

企业的精神文化是一种更深层次的文化现象，在整个企业文化系统中处于核心地位。学校精神是学校办学指导思想、人才培养模式、管理理念、师生道德修养、学校传统、专业特色、时代精神、理想追求等的集中表现。高校校园文化要与企业和市场对接，借鉴、吸纳优秀企业价值观、企业精神、战略目标和经营理念，校纪校规、校训校风建设要与企业精神的培养和企业职业道德教育紧密联系在一起。

高校要推进产业文化进教育、工业文化进校园、企业文化进课堂，融入教育教学全过程，促使学生形成职业化的工作技能、工作形象、工作态度和工作价值观，具有吃苦耐劳、团结守纪、诚实守信、安全生产、注重质量、服务顾客等意识，成为具有工程文化素养的高素质技术技能人才。

高校要注重汲取优秀建筑企业的管理经验和文化内容，强化诚信、守纪、敬业、团结等与企业文化有密切关联的教育内容，特别注意培养与企业员工相同的行为规范。要把岗位职业（执业）资格所要求的应知内容、应会技能和应具备的基本职业素养融入教学过程中，让学生在学好专业的同时树立良好的工程价值观和职业道德、职业情操，培养较强的质量意识、安全意识、节能环保意识和实际操作技能。

高校要通过校企文化对接与融合，把弘扬与传承工匠精神作为创新校园精神文化建设的重要举措之一。工匠精神是校园文化建设中所需要的精神力量，要定期组织师生知识交流会、优秀教师评比大赛、让有良好经验的教师进行言传身教等活动，使师生在浓厚的文化知识氛围和优秀前辈的指导下，端正自己对于教学的态度。要开展爱岗敬业、吃苦耐劳等文化育人活动，使学生在耳濡目染的过程中涵养爱岗敬业的职业品质。

总之，校园精神文化影响着学校内的每一位师生，对他们的价值观、进取心、生活理念等都会产生极强的导向作用。高校要在深入推进校园文化建设的基础上，重点强化精神文化建设，提炼符合学校办学理念的核心价值观和学校精神，打造精品校园文化活动，构建校园文化基本要素系统、应用要素系统、行为识别系统、环境识别系统，搭建校园精神文化和校园文化核心内涵的实施载体，不断提升和彰显校园精神文化育人的功能，为凝聚全体师生的力量，推动学校高质量发展打造共同精神支柱。

第三节　制度文化育人实践

制度文化是人类为了自身生存、社会发展的需要而主动创制出来的有组织的规范体系，主要包括国家的行政管理体制、人才培养选拔制度、法律制度和民间的礼仪俗规等内容，是人类在物质生产过程中所结成的各种社会关系的总和。校园制度文化是学校人才培养、科学研究、社会服务、文化传承与创新等各项职能有效发挥的基本保证。

一、制度与制度文化

何谓制度？《辞海》释义为"在一定历史条件下形成的法令、礼俗等规范"。《现代汉语词典》释义为"要求大家共同遵守的办事规程或行动准则；在一定历史条件下形成的政治、经济、文化等方面的体系"。

制度具有指导性、约束性、规范性、程序性等特征，制度对工作人员做什么、如何做发挥着提示和指导功能，对不能做什么、受到什么样的惩罚起着警示作用，对实现工作程序的规范化、岗位责任的法规化、管理方法的科学化起着重要作用。

由此可见，社会的法律制度、政治制度、经济制度以及人与人之间的各种关系准则等，都是制度文化的反映。

制度文化有如下特点：一是其内涵包括各种成文的和习惯的行为模

式与行为规范；二是凝聚了社会主体的政治智慧，并通过社会实践的延续而世代相传，从而成为人类群体的政治成就；三是其基本核心是由历史演化产生或选择而形成的一套传统观念，尤其是系统的价值观念；四是具有二重性，既是人类活动的产物，又成为限制人类不规范活动的因素；五是以物质条件为基础，受人类的经济活动制约。

二、校园制度文化

校园制度文化是指学校以体制、机制、政策、规章等所确定的制度环境，是在实践中逐渐形成的、能体现学校成员共同的价值取向与行为准则，对师生的思维、言行方式和生活行为习惯具有引导、约束和规范的作用，是校园文化的重要组成部分和维系校园正常秩序必不可少的保障机制。

制度文化建设的主要目标是形成以人为本、既能实现自我约束，又能促进全面发展的运行机制。校园制度文化建设要坚持求真务实、科学规范，既体现教育教学基本规律、确保科学有效，又坚持一切从实际出发、做到切实可行；要坚持以人为本、自觉约束，既要体现对师生的人文关怀，又要给师生以约束力，把规章制度这种"外在文化"内化为师生的"内在文化"，用制度文化引导和激励全体师生实现由他律约束向自觉约束的转变，培育和创造一种符合学校实际、催人奋进、开创创新、追求卓越、争创一流的团队精神。

学校在制度文化建设上要契合办学理念和学校精神。规章制度既要符合社会一般规则的要求，又要体现学校精神文化建设的要求，要通过制度创新并增强办学活力、通过文化建设感染师生、通过教学改革提高质量。要做到有章必循，提高规章制度的执行力，并在执行过程中不断完善制度，促进制度的全面落实和制度文化的发展。

三、制度文化育人的实践

（一）构建教育质量管理体系和制度文化

为更新教育思想、办学观念，深化对高校教育职能的认识，规范管理工作，提高人才培养工作水平，增强核心竞争力，湖南城建职业技术学院构建起基于 ISO9000 标准的教育质量管理体系和制度文化。

1. 教育质量管理体系的运行过程

（1）明确工作职责，编制《质量手册》。对质量管理体系的职责、权限及相互关系作出规定和沟通，明确了院领导层、质量管理机构和各部门的职责和权限，要求各部门和岗位之间通过各种方式（如会议、培训等）相互了解有关的职责和权限，以使质量管理活动得以有效地开展。依据质量管理体系要求，结合学校实际、具体目标、所提供的教育服务及其实现的具体过程，设计出符合学校实际情况的文件化的质量管理体系。《质量手册》对学校质量管理体系文件的构成作了规定，第一层次为质量手册，质量手册是整个管理系统的概括和总结，它包括管理的职责、质量方针和组织机构，以及有关的过程程序总结和描述。第二层次为过程文件，指质量管理过程的文件化。第三层次为操作指导文件，指各种岗位的规章制度和规定，如教师工作规范、学生行为规范。第四层次是质量记录，能够证明工作过程和效果记录，如学生考试试卷、成绩登记表、教学实验登记卡、教学日志、课程教学情况总结、教学质量分析表等。

（2）制定质量方针、质量目标，实施质量管理。在质量方针、质量目标的制定上，学校对内部现状、外部环境均作了深入研讨、分析，特别是做到了使其与学校办学定位、办学指导思想相适应、协调，与学校发展规划相符合。质量方针和质量目标体系建立后，学校要求各级人员认真理解质量方针的内涵，以实际行动认真贯彻执行，定期对质量方针、质量目标进行适宜性评审，并按《文件控制程序》对质量方针、目标的发布、评审、修改实行控制。

（3）确保教育服务的实现。学校教育服务实现策划的总体要求是：与质量管理体系的其他要求相一致，使策划的结果适合于学院的运作方式。在策划教育服务实现过程中，确定以下方面的内容：教育服务项目应达到的质量目标和要求，毕业生质量标准；专业设置要主动适应经济社会发展需要，能以人才市场需求变化为导向适时调整专业结构；针对具体教育服务确定所需过程和子过程、文件和资源，能以应用为主旨和特征构建教学内容和课程体系，能够反映当前社会技术先进水平和职业岗位资格要求，有创新特色；具体的服务检验方法、监控方法及相应的验收准则，如教学质量的检查活动，学生的考核、考试活动等，能否满足学生和用人单位的要求等；证明服务、过程满足要求所需的质量记录；有省级以上教学改革试点专业；教材建设、教学方法与手段改革符合市场需求。教育服务过程主要有教学过程、教育过程、服务过程及其他管理过程。为此，学校制定了相应的程序文件及工作性文件，对各过程和环节进行控制，使其在受控条件下进行。学校还专门成立了学术委员会、教学工作委员会、教学督导工作小组，院长负责组织相关部门和人员对教育服务实现过程进行策划，经策划后确定学院的服务实现过程及其控制要求，反映在与教育服务实现有关的过程程序中。

（4）加强质量监控和保证。学校在《质量手册》中对"质量"的定义是"高等院校教育服务的固有特性满足顾客要求的程度。教育服务的特性可表现为功能性、知识性、可接受性和安全性等方面。院校的'顾客要求'包括社会对人才的要求、学生身心发展的要求、学生就业能力的要求，以及学生在校期间的生活、安全要求等"。学校通过内部审核、教学服务过程的监视和测定、教学服务质量的监测和测量、不合格品的控制、数据分析等，加强了对质量的监控和保证。

（5）以顾客为中心，提升顾客满意度。在《质量手册》中，对"顾客"的定义是"高等院校的顾客是以学生为直接消费者的一个群体。高等院校把教育服务提供给了学生，学生为此交纳了学费，从而形成了提供教育服务和接受教育服务的消费关系。高等院校的顾客包括学生、家长、用人单位、社会、国家、合作办学者以及其他相关组织等"。在"顾客满意度控制"程序中规定各部门通过各种途径（如座谈会、来信来函、来人接待、发调查表、问卷等形式）收集顾客满意和不满意的信息。鉴此，学校在人才培养模式、专业建设、课程建设等方面，依据市场需求调研和顾客满意度调研，作出了一系列调整、创新，如课程建设、改革方面，以强化应用性和实践性为着力点，优化课程结构，更新教学内容，采用"职业分析—优化课程—教学设计"的连贯法，在宽基础、活模块的职教课程理论指导下，推行学分制，促使学生通过不同课程组合模块的方式，获得某个专业方向职业岗位技术课部分的学分。同时，做到专业课程体系与职业技能证书制度相结合，促使学生通过课程学习，考取应当获得的职业技能证书，在技术教育中融入职业道德和伦理教育等人文内涵，建立科技与人文并重的课程体系。

2. 制度文化建设彰显明显成效

学校建立教育质量保障体系，进一步推动了学校管理制度化、科学化发展，做到了办事有程序、管理有依据、评价有证据，取得显著成效。

一是质量管理体系的建立，进一步明确了学校的办学定位和办学指导思想，形成了"真心求学、实意做事"的校风，"弘德精业、正己立人"的教风和"尚学尚能、成人成才"的学风，进一步深化了"塑造人格、培养技能、张扬个性、服务社会"的办学理念，坚持社会主义办学方向，坚持教育以育人为本、以学生为主体，办学以人才为本、以教师为主体，立足行业，面向全省，辐射全国，服务社会，以立德树人为根本，以综合素质为基础，以就业能力为本位，注重受教育者综合素质的全面提高，为社会培养了一大批高素质技术技能人才。

二是质量管理体系的建立，进一步明确了各部门、各岗位的工作职责，规范了部门工作程序，减少了部门、岗位之间因职责不清、责任不明而出现的工作中相互推诿的情况，提高了办事效率，实现了学校的管理由主观随意转化为规范化、程序化和制度化的管理，形成了高效有序、科学运作的有机整体。通过质量管理体系的建立与实施，学院进一步加强了职责体系及标准建设，全面梳理明确了各部门、各岗位、各事项的育人元素和育人职责，细化了各类人员岗位工作标准，在管理育人、服务育人上取得了显著成效。

三是质量管理体系的建立，增强了"教育是服务"的办学理念，确立了"以顾客为关注焦点""以实现顾客满意为根本目的"的办学宗旨，突出了"以人为本"的现代管理理念，学校在全面关注和满足学生要求的同时，努力贯彻"以人为本"思想，以立德树人为根本任务，对教育教学、行政管理、后勤服务等工作实行全面的质量设计，并进行全过程的质量监督和控制，做到了全员育人、全程育人、全方位育人。

（二）加强章程建设

章程是高等学校依法自主办学、实施管理和履行公共职能的基本准则。教育部颁布的《高等学校章程制定暂行办法》明确了高等学校章程的主要内容和制定程序，要求高等学校制定章程时"应当以中国特色社会主义理论体系为指导，以宪法、法律法规为依据，坚持社会主义办学方向，遵循高等教育规律，推进高等学校科学发展；应当促进改革创新，围绕人才培养、科学研究、服务社会、推进文化传承创新的任务，依法完善内部法人治理结构，体现和保护学校改革创新的成功经验与制度成果；应当着重完善学校自主管理、自我约束的体制、机制，反映学校的办学特色"。

湖南城建职业技术学院在推进依法治校进程中，修订完善了学校章程（包括序言、总则、举办者与学校、学校功能和教育形式、学生和学员、教职工、学校治理结构、内设机构、经费资产后勤、学校与社会、校徽校旗校歌校庆日、附则等内容），提出要建立依法办学、自主管理、民主监督、社会参与的现代大学制度，实行党务院务和信息公开制度，依法接受监督。

章程颁布实施后，高校要依据法律和章程的原则与要求，制定并完善教学、科研、学生、人事、财务、后勤等方面的管理制度，形成健全、规范、统一的制度体系。健全的制度体系和较成熟的制度文化可以引导、激发全体师生的潜能和激情，特别是有助于培养学生朝气蓬勃的精神，增强学生对社会文化的辨析力和自控力，使他们能健康地成长。

（三）完善治理结构

健全科学民主的决策机制。高校要认真贯彻落实中共中央办公厅印发的《关于坚持和完善普通高等学校党委领导下的校长负责制的实施意见》，制定《党委领导下的校长负责制实施细则》以及与之配套的议事规则等，按照"集体领导、民主集中、个别酝酿、会议决定"的原则推进学校工作的开展。要把民主集中制贯穿到党内生活和学校管理的各个环节，领导班子成员认真执行集体决定，按照分工积极主动开展工作，相互支持协调配合，形成工作合力，发挥班子整体功能。

完善决策执行与监督机制。高校要在校内形成决策权、执行权与监督权既相互制约又相互协调的内部治理结构，保证管理与决策执行的规范、廉洁、高效。要合理设置职能部门，明晰工作职责，晒出权力清单，接受师生监督。要坚持党务公开、校务公开制度，建立和完善情况通报制度、情况反映制度和重大决策征求意见制度，拓宽建言献策渠道和诉求表达渠道，扩大师生员工对学校工作的知情权、参与权和监督权。

深化内部管理体制改革。全面推行院系两级管理，在学校党委的领导下，遵循依法治校的原则、权责利相统一的原则、财权与事权相适应的原则、放管服与分类指导相结合的原则，明晰院系两级权责利关系，转变管理服务部门职能,突出教学系部办学主体地位,构建学院宏观管理、部门协调配合、系部实体运行的管理模式,不断激发教学系部的办学活力、内生动力和发展潜力,充分发挥教学系部办学的主动性、积极性和创造性。学院通过制定总体规划、确立发展目标、建立规章制度、筹措办学经费、配置教育资源、实施考核监督等方式开展对教学系部的管理工作，并根据事业发展需要适时调整院系之间的权责利关系。教学系部在学院授权范围内，对本系部人才培养、科学研究、社会服务、文化传承创新和国际交流等工作实行统筹管理，通过党政联席会议决定本系重大事项和重要工作。各管理服务部门代表学院制定政策、组织协调、进行监督评估、提供服务保障。

（四）引领师生行为

制度文化的价值能否实现主要在于学校成员是否接受学校规章制度。换言之，在学校规章制度内化为学校全体成员的个人品质与自觉行动时，校园制度文化的价值才真正实现。健全的制度体系和较成熟的制度文化引导、激发出了全体师生的潜能和激情，特别是有助于培养学生朝气蓬勃的精神，增强学生对社会文化的辨析力和自控力，使他们能健康地成长。

制度文化把全校师生的个人利益与学院的命运和前途紧紧地联系在一起，激发大家对学院发展愿景的认同感，从而形成强烈的向心力和凝聚力，朝着共同的理想和追求前进。师生能自觉地根据学院制度文化所倡导的价值观念和行为准则调整自己的行为，以高昂的情绪和奋发进取的精神，积极投入到学习、生活和工作中去。

学校制度建设仅仅构成了校园制度文化建设的必要前提，要切实实现制度向师生自我素质和自觉行为的转化，应从以下几个方面入手：

第一，加强宣传学校制度的价值，促使广大师生在准确把握制度内容的基础上，将外在的行为准则与规范转化为个人的思想意识与自觉行动。

第二，引导广大师生培养强烈的制度意识，并将其作为指导行动的思想基础，打造以违反制度为耻、以遵守制度为荣的良好文化环境，坚持表彰与批评相结合，塑造自我监督、自我约束、高度自觉的心理品质。

第三，注重检查、监督与管理。从规章制度的制定到师生自觉行为的形成不是一蹴而就的，而是一个逐渐发展的过程，因而应重视制度实施的持续性和长期性，运用一定的考核方式对制度实施结果进行监督检查，或使用奖惩方式推进外在制度向自觉行为的转化。

总之，高校应综合采用多种方式，以实现校园制度文化在校园文化建设、在制度文化育人中的重要价值。

第四节 廉洁文化育人实践

廉洁文化是社会主义先进文化的重要组成部分，具有十分丰富的内涵。廉洁，即公正不贪，清白无污。廉洁文化是廉洁的理论和行为方式及其相互关系的文化总和，是关于廉洁的知识、理念、制度及与之相对应的生活方式、行为规范的总概括。廉洁文化是就整个社会层面来说的，它以一种泛文化的形式出现，比如有廉洁的职业文化、廉洁的家庭文化、廉洁的企业文化、廉洁的行为文化、廉洁的校园文化等。

高校廉洁文化是在高校现存的环境中，广大师生对廉洁的道德化认知，是高校在办学过程中，倡导和积累起来的促使管理者廉洁从政、教师廉洁从教和学生廉洁修身，推动高校依法治校、廉洁办学的思想观念、行为规范、制度和价值取向的总和，是高校校园文化和廉洁文化的有机统一体。高校廉洁文化是社会主义先进文化在大学校园的集中体现和反映，它以廉洁思想和廉洁精神为核心、以廉洁制度为保障、以廉洁道德标准为约束力、以高校校园文化为载体，是社会主义先进文化和社会廉洁文化的重要组成部分，包括廉洁精神文化、廉洁制度文化、廉洁行为文化和廉洁环境文化四种主要形态。

廉洁文化育人是指通过以廉洁为主题的理想信念、道德观念、法治意识等教育形式，增强党员干部廉洁从政的意识，提高全体教职工爱岗敬业，依法执教，廉洁从教的意识，增强全体师生干净做人，规范做事，遵纪守法的自觉性，在师生中形成"廉荣腐耻"的思想共识，形成以党员领导干部为重点、以教师和学生为基础、以丰富的廉洁文化活动为载体，具有高校特色的校园廉洁文化体系。

一、廉洁文化概述

"廉洁"一词，《辞源》上解释为"公正，不贪污"。《辞海》上解释为"清廉，清白"。"廉洁"最早出现在战国时期伟大的诗人屈原的《楚辞·招魂》中："朕幼清以廉洁兮，身服义而未沫。"东汉著名学者王逸在《楚辞·章句》中注释说："不受曰廉，不污曰洁。"也就是说不接受他人馈赠的钱财礼物，不让自己清白的人品受到玷污，就是廉洁。可见，廉洁文化是中国传统文化的重要组成部分。但是，在中国传统文化中，"廉""洁"本来各自成词，各有独立的内涵，先有《吕氏春秋·贵公》："清廉洁直"直到现代才有双音词"廉洁"。现代汉语的"廉洁"，既继承了古代含义又增加了现代意义。所以廉洁文化的内涵是在不断扩大、不断发展的。

在儒家经典《论语》中，围绕着"廉"的论述可以归纳为两层含义：其一是针对具有普遍性的人的行为规范而言的。"富与贵，是人之所欲也。不以其道得之，不居也。"财富和高官显爵，是人们都想得到的。但对有道德的人来说，如果它们来路不正，就不要它们，告诉人们要廉洁处事。其二是上升到为官从政的关系规范，即："其身正，不令而行；其身不正，虽令不从。"

廉洁文化是社会主义先进文化的重要组成部分，是廉洁的理论和行为方式及其相互关系的文化总和，有三个层次：

第一个层次是对自己、个人来说，廉洁是一种责任，是一种义务，一种德行。要求自己要"慎独"，严格要求自己，即使没有别人的注视与监督也要保持廉洁。

第二个层次是从自身出发而及他人来说，廉洁是光荣，是荣誉，是赞许。廉洁的含义是不仅要自身做到廉洁正直，而且对待别人、顾及他人之时也要保持廉洁。如《明史·循吏传》中所说："唯廉者能约己而爱人。"由此可见，这一层次的廉洁也是很关键的，这样才能促进社会廉洁的良性循环，整个大环境才会真正是一个廉洁的、干净的社会。

第三个层次是对社会来说，廉洁是一种社会文化规范和人与人形成的社会关系的相互作用。社会需要廉洁文化来调动社会成员，使他们都认识到社会的良性发展离不开廉洁。就像孔子所说的"求仁得仁"，通过对廉洁的追求，形成一个和谐、有创造力的良性循环，让社会中的每个人都做到"个人要廉洁、家庭要廉洁、工作要廉洁、对于所追求的事业要廉洁"。

二、廉洁文化育人的要求

高校推进廉洁文化育人，是从源头上防治腐败的需要、营造风清气正环境的需要、落实立德树人根本任务的需要，要以倡导廉洁、弘扬正气为主题，以多种文化活动为主要载体，以促进党员领导干部、教师、学生廉洁从政、廉洁从教、廉洁修身为重点，贴近师生思想实际、贴近校园生活实际、贴近反腐倡廉实际，营造以廉为荣、以贪为耻的校园氛围，引导师生员工养成敬廉慎独的思想作风、艰苦朴素的生活作风、遵纪守法的组织作风和求真务实的学习作风。

高校推进廉洁文化育人，要重点加强党风廉政建设理论与实践教育、党风廉政建设政策法规教育、中国优秀传统廉洁文化教育、中国特色社会主义廉洁文化教育、社会主义核心价值观教育和公民道德规范教育，引导大学生树立报效祖国、服务人民的信念，不断提高大学生的道德自律意识，增强拒腐防变的良好心理品质，逐步形成廉洁自律、爱岗敬业的职业观念。

高校推进廉洁文化育人，要紧扣立德树人的根本任务，创新廉洁文化进校园的工作机制，构建廉洁文化教育课程体系，营造廉洁文化进校园的良好氛围，形成廉洁文化进校园的合力。要把握"两个层面"，在学生中开展以"敬廉崇洁、诚信守法"为主题的廉洁教育活动，在领导干部和教职工中开展以"廉洁从教、培养学生"为主题的廉洁文化教育活动，确保廉洁文化进校园的全面性。要落实进课堂、进教材、进机关要求，将廉洁文化教育融入党课、团课、思政课、文化课、专业课教学之中，组织力量编写廉洁文化教育的读本或教材，把廉洁文化建设与创建学习型、服务型、创新型机关结合起来，确保廉洁文化进校园的针对性。要推进廉洁文化教育与师生道德教育相结合、与校园文化建设相结合、与法治宣传教育相结合、与规章制度建设相结合，确保廉洁文化进校园的实效性。

三、廉洁文化育人的思路

推进廉洁文化育人工作要以倡导廉洁、弘扬正气为主题，以中国特色社会主义和中国梦教育、理想信念和宗旨教育、社会主义核心价值观教育为主要内容，以多种文化活动为主要载体，让全体师生基本了解廉洁文化历史知识，初步掌握党和国家廉政法规，正确认识腐败问题产生原因，切实增强廉洁守纪的自觉性，引导师生员工养成敬廉慎独的思想作风、艰苦朴素的生活作风、遵纪守法的组织作风和求真务实的学习作风。

高校推进廉洁文化育人的目标和主要内容是：以社会主义核心价值观为引领和主导，加强法治和诚信教育，加强社会公德、职业道德和家庭美德教育，组织学习党和国家关于党风廉政建设和反腐败方面的方针政策、法律法规等，引导大学生树立报效祖国、服务人民的信念，不断提高大学生的道德自律意识，增强拒腐防变的良好心理品质，逐步形成廉洁自律、爱岗敬业的职业观念。

一是党风廉政建设理论与实践教育。包括一百年来党中央在如何加强党风廉政建设、提高党的拒腐防变能力，巩固党的执政地位有一系列重大决策和部署，积累的宝贵经验，形成的系统理论；习近平总书记关于党风廉政建设和反腐败斗争的重要论述。通过对党风廉政建设理论和反腐倡廉实践的教育，引导大学生牢固树立马克思主义的基本立场和基本观点，学会辩证地分析反腐倡廉的问题，抓住精髓、领会实质、武装头脑、指导实践。

二是党风廉政建设政策法规教育。组织大学生系统学习《中国共产党章程》《中国共产党廉洁自律准则》《中国共产党纪律处分条例》《中国共产党问责条例》《中国共产党党内监督条例》等政策法规，教育引导大学生弄清楚该做什么、不该做什么，能做什么、不能做什么，做到学而信、学而用、学而行，知信行合一。

三是中国优秀传统廉洁文化教育。大学生学习和了解中国优秀传统廉洁文化，主要是辩证地把握其作为一种政治伦理文化、一种道德诚信文化和一种社会价值文化的启示性，汲取其注重伦理道德、注重道德自律、注重德法结合等特点，提高自身廉洁素质和品德修养，并通过自身的言行举止影响身边的每一个人，引领整个社会风气。

四是中国特色社会主义廉洁文化教育。中国特色社会主义廉洁文化是对传统廉洁文化的继承与发展，它是以马克思主义理论为指导结合中国具体实际而形成的一种新的文化形态，具有导向功能、约束功能、凝聚功能、激励功能、警示功能、监督功能和测评功能。要教育引导大学生把中国特色社会主义廉洁文化的基本理念内化为科学的价值判断，外化为自身规范的言行举止，形成"以廉为荣、以贪为耻"的廉洁自律意识，推动良好社会道德风尚的形成。

五是社会主义核心价值观教育。高校要结合青年学生的思想特点、成长规律、发展要求，坚持把社会主义核心价值观教育与"中国梦"主题宣传教育相结合、与课堂教育教学工作相结合、与学生社会实践活动相结合、与优秀传统文化进校园相结合、与学校文化建设相结合，达到内化于心、外化于行的良好效果，使社会主义核心价值观成为青少年学生的日常行为准则和自觉奉行的信念理念，帮助大学生树立正确价值观、树立正确理想信念、树立诚信意识、培养良好道德。

六是公民道德规范教育。教育和引导大学生懂得如何处理人与人、人与社会、人与环境的关系，始终做到互相尊重，发扬人道主义精神，自觉维护公共秩序；始终做到爱岗敬业、诚实守信、办事公道、服务群众、奉献社会；始终做到尊老爱幼、男女平等、夫妻和睦、勤俭持家和邻里团结，使大学生深刻体会爱情、婚姻、家庭所应当承担的责任和义务；始终做到光明磊落、乐观向上，始终做到诚信待人、乐善好施。

四、廉洁文化育人的路径

（一）抓住"一个根本"，确保廉洁文化育人的方向性

党的十八大报告指出，要"坚持教育为社会主义现代化建设服务、为人民服务，把立德树人作为教育的根本任务，培养德智体美劳全面发展的社会主义建设者和接班人"。党的十九大报告指出，"要全面贯彻党的教育方针，落实立德树人根本任务，发展素质教育，推进教育公平，培养德智体美劳全面发展的社会主义建设者和接班人"。落实立德树人的根本任务，要求教育事业不仅要传授知识、培养能力，还要把社会主义核心价值观融入教育教学全过程，引导学生树立正确的世界观、人生观、价值观。要紧扣立德树人这一根本任务，创新廉洁文化进校园的工作机制，构建廉洁文化教育课程体系，营造廉洁文化进校园的良好氛围，立足长远、着眼全局，系统设计、协同推进，形成廉洁文化进校园的合力，更好地促进学生全面发展、健康成长。

（二）把握"两个层面"，确保廉洁文化育人的全面性

第一个层面，在学生中开展以"敬廉崇洁、诚信守法"为主题的廉洁教育活动，使学生在第一课堂的学业学习、第二课堂的党团活动以及第三课堂的园区活动中接受廉洁文化的熏陶，增强学生遵守法律法规和社会道德规范的意识，引导大学生在实践中正确认识和处理个人与他人、个人与集体、个人与社会的关系，形成以廉为荣、以贪为耻、以洁为荣、以污为耻的道德认知，养成自我教育、自我约束、自觉省察、自觉修身的自律意识，努力把大学生培养成为有理想、有道德、有文化、有纪律的具有社会责任感、创新精神和实践能力的高素质人才。

第二个层面，在领导干部和教职工中开展以"廉洁从教、培养学生"

为主题的廉洁文化教育活动，促使领导干部以身作则、勤政廉洁、艰苦奋斗、勤俭办学，坚定理想信念，全心全意为师生服务；促使教师爱国守法、敬业爱生、教书育人、严谨治学、服务社会、为人师表，始终以清廉纯洁的道德品行为学生和世人做出表率，做有理想信念、有道德情操、有扎实学识、有仁爱之心的党和人民满意的好老师。

（三）落实"三进要求"，确保廉洁文化育人的针对性

一是推进廉洁文化进课堂。将廉洁文化教育融入党课、团课、思政课、文化课、专业课教学之中，重点对学生进行理想信念教育、廉洁美德教育、法律意识教育和诚信品德教育，让学生自觉增强廉洁意识，养成以廉为荣、以贪为耻的道德观念，形成"勤学慎思、励志力行，尚学尚能、成人成才"的良好学风。要充分发挥高校课堂教学的主渠道作用，积极开发各专业尤其是人文类、社科类课程教学中的廉洁教育主题，围绕"廉洁"开展研究性学习、讨论性学习、案例性学习，让学生在增强能力和提高认识的过程中受到廉洁教育。

二是推进廉洁文化进教材。除了在党课、团课、思政课、文化课、专业课教学之中融入廉洁文化教育的内容之外，还要深入挖掘廉洁教育资源，组织力量编写廉洁文化教育的读本或教材。笔者曾编写了一本紧密结合建设类院校实际的《大学生廉洁文化教育读本》（哈尔滨工程大学出版社），精心选编了与建设类院校学生所学专业及今后所从事职业岗位息息相关的警示案例和从业道德规范，全书分廉洁文化、廉洁教育、廉洁政策、廉洁警示、廉洁格言、廉洁短信、廉洁歌曲、廉洁漫画八个篇章，注重知识性与思想性的统一，图文并茂，通俗易懂。该读本已在本校推广使用，产生良好反响。

三是推进廉洁文化进机关。要进一步加强和改进机关工作作风，以廉洁自律、规范服务、提高效率为主要内容，把廉洁文化建设与创建学习型服务型创新型机关结合起来，通过组织学习参观、形势报告、廉政党课、知识竞赛、专题征文、格言征集、廉洁歌曲演唱、廉洁书画摄影展览、勤廉事迹报告会、警示教育会等活动，加强对党纪国法、廉政法规、职业道德的经常性学习，强化廉洁修身、服务师生意识，建设一支廉洁的干部队伍和管理队伍，做到管理育人、服务育人。

（四）推进"四个结合"，确保廉洁文化育人的实效性

一是推进廉洁文化教育与师生道德教育相结合。加强师德考核力度，实行师德承诺制和师德表现"一票否决"制，建立师德展示台，营造崇尚师德、争创典型的氛围。教育引导广大学生自觉弘扬和践行社会主义核心价值观，培养正确的道德认知，养成积极的人生态度、健康的生活情趣、良好的道德品质，使他们内心深处常保警惕，自觉做到防腐拒变，在正确的世界观、人生观和价值观的指导下，努力形成以廉为荣、以贪为耻的道德与价值判断，养成敬廉慎独的思想作风和行为习惯。

二是推进廉洁文化教育与校园文化建设相结合。校园文化建设是学校育人工作的必要环节和大学生全面发展的必然选择，是新时期推进素质教育、实现德育创新的重要途径，是用社会主义核心价值观规范师生思想行为的重要手段，在提高学生素养、培养学生诚信品质、敬业精神、责任意识、遵纪守法意识等方面能够发挥环境熏陶、文化体验等重要作用，能够促进学生各方面良好素质的形成。高校要组织师生员工开展读廉洁书、唱廉洁歌、听廉洁课、观廉洁片，举办廉洁文化教育展（如廉洁漫画、廉洁图片、廉洁书法作品等），营造校园廉洁氛围。要精心组织

开展学风建设、特色党团日、主题班会、典型事迹报告、廉洁诗词吟唱会、专题讲座等形式多样的主题教育活动，营造廉洁文化教育的浓厚校园氛围。要充分利用校园媒体如网站、报刊、展板、广播电视、微信微博等载体，开设廉洁教育专题栏目，宣传廉洁教育知识，树立廉洁模范人物，让廉洁人物的先进事迹得到弘扬，让廉洁清风得到彰显。

三是推进廉洁文化教育与法治宣传教育相结合。要开展廉洁政策宣传、法治宣传教育等活动，警醒师生要踏实做事，清白做人，时刻注意自重、自省、自警、自励。要深入开展宪法教育，教育和引导师生不断增强宪法意识，认知法律规范，培养法治思维，引导师生用法律的规范、原则、理念作为标准来分析、判断、处理问题，树立法律至上意识和法律面前人人平等观念。要掌握行业法规，规范职业行为，教育师生掌握相关专业领域的法律法规，自觉遵守行业法规，规范职业行为。

四是推进廉洁文化教育与规章制度建设相结合。规章制度是指学校以机制、政策、规章等所确定的制度环境，是在实践中逐渐形成的、能体现学校成员共同的价值取向与行为准则。将廉洁素质教育与规章制度建设相结合，主要是通过规章制度这种既能实现自我约束，又能促进全面发展的运行机制，教育引导大学生师生把规章制度的"外在文化"内化为"内在文化"，用制度文化引导和激励学生实现由他律约束向自觉约束的转变。健全的制度体系和成熟的制度文化能引导、激发全体师生的潜能和激情，特别是有助于培养大学生朝气蓬勃的精神，增强大学生对社会文化的辨析力和自控力，能自觉根据制度文化所倡导的价值观念和行为准则调整自己的行为，以高昂的情绪和奋发进取的精神，积极投入到学习、生活和工作中。

附录

湖南城建职业技术学院文化理念介绍

一、发展愿景

——省内领先，国内一流，国际有影响

释义：坚持以立德树人为根本，以服务发展为宗旨，以促进就业为导向，走产教融合、校企合作、工学结合、知行合一的发展道路；以培养建设行业一线高素质技术技能人才为目标，深化教育教学改革，创新体制机制，强化内涵建设，实现规模、结构、质量、效益协调发展，努力把学院建设成为具有自主知识产权、城建高职教育特色鲜明、省内领先、国内一流、国际有影响的卓越文化精美新建院。

二、办学定位

类型定位：以高职专科层次学历教育为主体，形成学历教育与非学历教育并举、学历证书与资格证书并重、职前教育与职后培训结合的多层次的办学格局。

层次定位：以全日制教育为主，逐步形成高职专科、本科、专业学位研究生教育和继续教育协调发展的现代职业教育体系。依据需要与可能，开展中外合作办学。

服务面向定位：立足湖南，面向全国，打造区域建设类职业教育培训服务、专业技术服务、对口支援与社区服务中心。

专业设置定位：重点发展土木建筑大类，协调发展材料大类、交通运输大类等相关专业，形成适应区域经济发展需要、具有自身特色的一流专业群。

培养目标定位：培养德智体美劳全面发展，具备较强的实践能力和创业能力，综合素质高、动手能力强，适应住房和城乡建设事业需要的高素质技术技能人才。

培养模式定位：按照"以服务为宗旨，以就业为导向，以能力为本位，以素质为目标"的办学方针和"依托行业、对接产业、定位职业、服务社会"的专业建设思路，通过市场调研与分析，科学确定专业培养目标与培养规格，构建和创新特色鲜明的符合"项目导向、任务驱动、校企合作、工学结合"特点的各专业人才培养模式。

三、办学理念

——塑造人格，培养技能，张扬个性，服务社会

释义：立德树人是学校的根本任务，立德树人成效是检验学校一切工作的根本标准，提高人才培养质量是学校永恒的主题。受教育者培养质量的提高，既在于受教育者思想政治素质的提高，也在于受教育者综合业务素质的提高。因此，要十分注重对学生健康人格的熏陶塑造，同时也要紧密结合高职教育发展要求，自始至终抓紧对学生专业技能的锻炼培养，并在整个教育教学过程中，突出对学生行业特色的宣传、内化，在潜移默化的引导中增强学生对行业的体认感，进而自觉养成良好的职

业个性，并努力追求个性化发展，以便于将来为社会作出更大贡献。为达此目的，对教育者而言，同样需要在政治素质和业务素质方面不断提升自己，以良好的人格力量、知识技能和个性特质为受教育者当好引路人，通过言传身教，凸显办学特色，共同实现报效国家、服务社会的愿景。

四、校训

——明德建业，精作筑能

释义："明德"语出《礼记·大学》："大学之道，在明明德，在亲民，在止于至善。""明德"即认同、践行和彰显美德，学校教育要以育人为本，德育为先，培养德智体美劳全面发展的人才；师生员工要以德为立身之本，爱党爱国爱民，友天友地友人，自强自省自悟。"建业"语出《孔子家语》："有本而能图末，修事而能建业。"要求我们尊重并真正接受自己的专业和未来的职业，把自己的专业和职业当作事业去追求，立足本职岗位，不断超越自我，建立辉煌业绩。"精作"有注重细节、精益求精、精雕细琢之义，作为建筑类院校，我们要倡扬"吃苦耐劳、注重细节，勤于思考、锲而不舍，立足实践、刻苦钻研，敬业创新、精益求精"的鲁班精神，践行建筑行业职业道德规范。"筑能"有增长才干、提高能力之义，要求教职工树立职业精神，不断提高教书育人、管理育人、服务育人能力；要求学生树立全面发展意识，学好专业知识、练就过硬本领、树立精作理念，修筑经得起时间和灾害考验的精品建筑。

五、校风

——真心求学，实意做事

释义：源自毛泽东同志早年读书笔记《讲堂录》。择此为校风，其意在于：它可作为全院师生员工共同遵守的基本思想规范和行为准则，凝集了学院办学理念、道德要求、工作风格和生活态度诸方面的内容，反映了学院的整体价值取向；它在适用对象上具有广泛的针对性、现实性、长远性和实践性，既可规范学生的思想行为，也可规范教职工的思想行为，既体现了创建学习型组织的要求，也体现了建设诚信团队的要求；它对治学、做事、为人具有明确的规定性，突出强调真和实，昭示受众真心实意求学做事，实现人生价值。

六、教风

——弘德精业，正己立人

释义："弘德"语出《隋书·隐逸传》"人能弘德，道不虚行"。"立人"语出《论语·雍也》"己欲立而立人"。以此为教风，其意在于：师德师风是评价教师队伍素质的第一标准，作为人类灵魂工程师的教师必须具有崇高的品德和完备的人格；传道、授业、解惑是教师的基本工作职责，授课答疑前必须精心准备，授课答疑时必须用心讲解，授课答疑后必须细心回思，以教学工作为主业，力求精益求精，好上加好；每一位教师既要做经师又要做人师，从严要求自己，恪守师德规范，为人师表，以身垂范，在不断完善自我，实现自身价值的同时，把学生培养成为全面发展的有用之才。

七、学风

——尚学尚能，成人成才

释义：以此为学风，其意在于：学习是学生的第一要务，每一位学生都要自觉学习，善于学习，有效学习；高职生尤其要加强职业技能的学习，注重动手能力的培养；高职生必须也应当树立理想，明确志向，勤奋学习，刻苦磨砺，成长为对社会有用的人。

八、校徽

校徽图案主体形象为蓝天下的建筑物，左侧的图形是"城"字的首字母"C"，体现学院作为建设类高职院校的行业特色；右侧图形为"一流"之意，体现学院"百万建筑湘军的'黄埔军校'"和"湖南建设人才的摇篮"的独特地位，寓意学院培养一流的学生，成就一流的教师，铸造一流的品牌，声名远扬。

图案中"1958"，表示学院办学始于1958年（原湖南省土木建筑学校成立于1958年6月26日），具有悠久的办学历史和深厚的文化积淀。图案外圈是中英文校名。校徽图案的色彩搭配以蓝色与白色为主色调，代表蓝天与白云，代表着巍峨的群山、辽阔的大海与浩瀚的苍穹，寓意自信、稳健，理性、严谨，开放、包容。

校徽整体构图既体现了学院争创一流、超越自我的拼搏精神与励精图治、坚忍不拔的顽强品性，又展现了全院师生追求卓越、创造辉煌的豪迈气概与探索真知、追求真理的务实精神。

九、校歌

校歌《追求卓越》歌词为：伟人故乡，令人神往。湖湘文化，厚重绵长。湖南建院，湖南建院，培育建筑湘军声名远扬。真心求学，实意做事，万千广厦添砖加瓦架新梁；真心求学，实意做事，城乡建设描绘蓝图谱华章。追求卓越，创造辉煌。

《追求卓越》歌词较好地体现了以爱国主义为核心的民族精神和以改革创新为核心的时代精神，较好地体现了学院办学指导思想，具有鲜明的地域和行业特色，反映学院的文化背景和师生员工努力拼搏、开拓进取的精神风貌，有机融入学院校风，寓意深长，昂扬向上，催人奋进。

"伟人故乡，令人神往。湖湘文化，厚重绵长"点明学校办学地址是在人杰地灵的历史文化名城湘潭。这里是湖湘文化的发源地，这里诞生了一代伟人毛泽东、开国元帅彭德怀、艺术大师齐白石……在这片神奇的热土上，人们心怀的理想总会实现，撒播的希望总会收获。因此，这里吸引着无数的有志青年，吸引着全世界的目光。

"湖南建院，培育建筑湘军声名远扬"突出学院的办学特色和社会影响。学院是一所以培养建设行业专门人才为主的高校，培养造就了一大批从事技术与管理的高级专门人才，因办学成绩显著、特色鲜明、声誉良好，被社会誉为湖南建设人才的摇篮和百万建筑湘军的"黄埔军校"。

"真心求学，实意做事。万千广厦添砖加瓦架新梁。真心求学，实意做事。城乡建设描绘蓝图谱华章"体现学院的办学思想，抒发湖南建院人的豪情。"真心求学，实意做事"是学院校风，歌词中两次重复，突出校风对办学的重要指导意义。"万千广厦添砖加瓦架新梁，城乡建设描绘蓝图谱华章"既是行业的基本特色，又表现出建筑人的自信与豪迈。建筑业是奉献者的职业，挥洒汗水，换来他人的欢笑，精心劳作，促进祖国的繁荣。建筑业是创造者的职业，用精美的作品记载时代进步，用非凡的智慧传承人类文明。

"追求卓越，创造辉煌"表达建院人对明天的追求。经过几代人的努力，学院打造出了自己的品牌，取得了可喜的成绩。只要全院师生员工团结一致，奋发努力，学院的明天一定会更加美好。

第三章　文化育人的特色探微

第一节　法治文化育人模式

社会主义法治文化是中国特色社会主义文化的重要组成部分，是社会主义法治国家建设的重要支撑。2021年4月，中共中央办公厅、国务院办公厅印发了《关于加强社会主义法治文化建设的意见》，明确了社会主义法治文化建设的总体目标是：通过不懈努力，宪法法律权威进一步树立，尊法学法守法用法氛围日益浓厚，法治文化事业繁荣兴盛，法治文化人才队伍不断壮大，社会主义法治文化建设工作体制机制进一步完善。到2035年，基本形成与法治国家、法治政府、法治社会相适应，与中国特色社会主义法治体系相适应的社会主义法治文化，基本形成全社会办事依法、遇事找法、解决问题用法、化解矛盾靠法的法治环境。意见提出社会主义法治文化建设的主要任务是：深入学习宣传贯彻习近平法治思想；完善中国特色社会主义法治理论；大力弘扬宪法精神；在法治实践中持续提升公民法治素养；推动中华优秀传统法律文化创造性转化、创新性发展；繁荣发展社会主义法治文艺；加强社会主义法治文化阵地建设；加强法治文化国际交流。

法治素养是指通过对公民进行有组织、有目的、有计划的法治思想教育，使公民树立依法治国的理念和法治意识，在知法、懂法、守法基础上尊法，并能以法律规定来规范自己行为，用法治思维来指导自己行为。大学生的法治素养构成要素主要包括法律知识、法治意识和法治能力。

法律知识指的是人们对法律现象的理论认识以及法律实践活动中的经验的总称，是法治素质培养的基本要素。对于大学生而言主要是要掌握法律基本常识。法律基本常识包括对各种法律法规内容的了解、对主要法律法规内容的掌握、对各种法律现象和问题的思考与辨别等。

法治意识指的是人们对法律现象和法治问题的观点、态度以及思想的总称，主要包括个体对法律的定义、对法律关系的认识、对法律作用的认识，对人们的法律行为的评价等。如果细分的话还可以分为法治心理、法治观念和法治信仰，这三个层面是由表及里、从感性认识到理性认识的，相辅相成，缺一不可。党的十八大报告提出要"弘扬社会主义法治精神，树立社会主义法治理念，增强全社会学法尊法守法用法意识"。党的十八届四中全会提出要"推动全社会树立法治意识"。党的十九大报告强调"推进科学立法、严格执法、公正司法、全民守法""各级党组织和全体党员要带头尊法学法守法用法"。

法治能力是运用法律制度来管理社会各方面事务的能力，是一个国家法律制度执行能力的集中体现，是现代国家治理能力中的核心能力。大学生的法治能力包括两方面，一方面是法律意义上的法律责任能力、民事行为能力、诉讼能力等；另一方面是通过对法律知识的学习所养成的依法办事的能力、分析解决法律问题的能力、维护自身合法权益的能力。此外还有学习掌握法律知识的能力、主动运用法律的能力等。

　　法治文化教育是按照法治社会的要求，对公民开展的系统性法治教育，以各类法治宣传和法治教育活动为主要手段，以培养公民的法治精神和良好法治素养为主要目标，达到使其依法进行活动的效果。大学生既是法治文化教育的对象，又是国民教育体系法治教育的对象，因此必须高度重视大学生的法治文化教育。法治文化教育的目标在于"引导大学生深刻理解马克思主义的法学理论，深刻理解中国特色社会主义法治体系，明白宪法的地位与基本精神以及法律制度的神圣不可侵犯，增强学生的社会主义法治观念，坚决维护法律尊严，正确处理好公民的权利和义务之间的关系"。

　　笔者认为，加强大学生法治文化教育有利于构建具有公民责任意识的"公民社会"，有利于培养大学生的法治自觉、法治自信精神，弘扬宪法精神，认知法律规范，培养法治思维，掌握行业法规，领会社会主义法律精神，树立学法、知法、守法、用法的意识，真正做到自觉守法、遇事找法、解决问题靠法，形成崇法尚法的良好风尚，积极培育社会主义法治理念，自觉遵守应当遵循的规范与要求，坚定地捍卫法治的尊严。

一、法治文化育人研究现状

　　学术界对高校法治文化育人的研究才刚刚起步，在中国知网数据库中以"法治文化育人"为篇名进行检索，涉及高校法治文化育人的文章仅4篇，其主要观点如下：

　　申莹和邵爱婷在《高校法治文化育人体系的探索及构建》一文中指出：法治文化建设是提高国家公民法治素养、筑牢全民法治信仰的基础性工程，是法治中国建设的精神内核和根本保障。加强高校法治文化建设成为新时代弘扬中国特色社会主义法治精神、推动社会主义法治文化建设大繁荣大发展的应有之义，也是贯彻落实依法治国方略、全面推进依法治校的现实要求。高校要按照依法治校的总体要求，探索依托专业特色建立的法治文化育人体系，用法治的理念、方法推动落实以"育人与育心"相结合、以"知识传授与价值引领"同在的法治文化建设，切实提升师生法治素养，落实立德树人根本任务。要坚持目标导向，推进师生共育共建；搭建育人平台，服务社会经济发展；融合法治精神，注重校园文化传承，把社会主义核心价值观的培育和践行融入学院的教育改革发展、融入法治精神培育、融入校园法治文化建设。

陶国礼在《新时期高校法治文化育人策略研究》一文中指出：高校校园法治文化以现代法治精神为价值取向，在特定的治校理念及规范制度确立和运行过程中形成的一种校园文化形态和师生生活方式，是法治国家建设的必要组成部分，体现着法治的精神和理念、价值取向与行为方式。校园法治文化建设是高校贯彻依法治国方略的必然要求，是推进我国高等教育发展的客观选择，是加强思想政治教育工作的现实需要，是有效提升学生综合素质的内在诉求。高校要从理念、方式、内容、教育和队伍五个方面入手，确立育人为本理念，全面体现建设内容，推进法律意识教育，建强学生工作队伍，将全员、全程、全方位的育人观念贯彻到校园法治文化建设内容中，建设新时代校园法治文化，全方位、多角度提升育人本领，增强校园法治文化建设实效性。

骆小婷在《法治文化在高校文化育人建设中地位的探讨》一文中指出：高校法治文化建设是社会主义民主法治建设的重要组成部分，是社会主义法治理念在高校的具体实施。加强高校法治文化建设，要培养高校师生法治意识，引导学生通过合法的途径维护自己的合法权利，建立宪法法律至上、法律面前人人平等的法治文化理念，引导学生形成自觉法治思维和学习、遵守法律的素养。要建立合理完善的规章制度，推动高校树立法治意识，增强学生厉行法治的积极性和主动性，在高校形成法治育人的氛围。

景艳在《以"法治文化育人"为契机 提升大学生法治素养》一文中指出：法治文化是文化的一种，法治文化育人是以法治文化载体和形式，着力在受众需要、群众期盼上寻找突破，注重法治文化渗透，提高法治文化含量，强化法治文化塑造，突出法治文化感染，用好各种媒体，讲好典型案例，做好融入文章，用新时代法治文化的力量，涵养法治信仰，提升法治素养。在依法治校的背景下，尊法、知法、守法、用法是大学生成长成才、成为合格公民的必然要求。要加强各类法律课程建设，发挥课堂教学主渠道；要以社团活动为载体，营造良好的法治校园氛围；要坚持法治文化育人思想，搭建大学生法律社会实践平台。提高大学生的法治素养应以转变法治教育观念为先导，以加强大学生法治文化建设为基础，以法治文化素质课程建设、校园文化活动、学生社会实践为路径，全力推进法治文化育人工作。

二、法治文化育人的内容

《中共中央关于全面推进依法治国若干重大问题的决定》强调"必须弘扬社会主义法治精神，建设社会主义法治文化，增强全社会厉行法治的积极性和主动性，形成守法光荣、违法可耻的社会氛围，使全体人民都成为社会主义法治的忠实崇尚者、自觉遵守者、坚定捍卫者"，明确要求"推动全社会树立法治意识"。

《中央宣传部、司法部关于开展法治宣传教育的第八个五年规划（2021－2025年）》强调，要突出学习宣传习近平法治思想，突出宣传宪法，突出宣传民法典，深入宣传与推动高质量发展密切相关的法律法规，深入宣传与社会治理现代化密切相关的法律法规，深入宣传党内法规，持续提升公民法治素养，加强社会主义法治文化建设。

《教育部关于进一步加强高等学校法治工作的意见》指出，高校要以习近平新时代中国特色社会主义思想为指导，深入学习贯彻习近平法治思想和关于教育的重要论述，深刻认识新形势新变化提出的新任务新要求，切实把依法治理作为学校治理的基本理念和基本方式，融入、贯穿学校工作全过程和各方面。要把学习宣传宪法摆在普法工作的首要位置，将宪法教育寓于学生培养全过程。制定学校普法规划，推进国家普法规划和教育系统普法规划贯彻实施。

（一）深入学习宣传习近平法治思想

《关于加强社会主义法治文化建设的意见》明确，要深化学习教育，抓好领导干部这个重点，把习近平法治思想作为党委（党组）理论学习中心组学习重点内容、党校（行政学院）和干部学院重点课程，不断深化思想认识、筑牢理论根基，提高领导干部运用法治思维和法治方式开展工作的本领。加强宣传解读，通过媒体报道、评论言论、理论文章、学习读本、短视频等形式，运用各类融媒体手段和平台，推动习近平法治思想深入人心。把习近平法治思想学习宣传同普法工作结合起来，同法治政府建设示范创建活动等结合起来，发挥好各类基层普法阵地的作用。把习近平法治思想融入学校教育，纳入高校法治理论教学体系，做好进教材、进课堂、进头脑工作。依托中国政法实务大讲堂，深入宣讲习近平法治思想。加强对法治领域错误思想观点的辨析批驳，帮助干部群众明辨是非，坚定走中国特色社会主义法治道路的信心。

《中央宣传部、司法部关于开展法治宣传教育的第八个五年规划（2021—2025年）》明确：深入学习宣传习近平法治思想的重大意义、丰富内涵、精神实质和实践要求，引导全社会坚定不移走中国特色社会主义法治道路。把习近平法治思想作为党委（党组）理论学习中心组学习重点内容，列入党校（行政学院）和干部学院重点课程，推动领导干部带头学习、模范践行。把习近平法治思想融入学校教育，纳入高校法治理论教学体系，做好进教材、进课堂、进头脑工作。通过多种形式，运用各类媒体和平台，发挥好各类基层普法阵地作用，推动习近平法治思想入脑入心、走深走实。

（二）学习宣传宪法

宪法是一个国家的根本大法，适用于国家全体公民，是特定社会政治经济和思想文化条件综合作用的产物，集中反映各种政治力量的实际对比关系，确认革命胜利成果和现实的民主政治，规定国家的根本任务和根本制度，即社会制度、国家制度的原则和国家政权的组织以及公民的基本权利义务等内容。

《中华人民共和国宪法》是我国的根本大法。新中国成立后，曾于1954年9月20日、1975年1月17日、1978年3月5日和1982年12月4日通过四个宪法，现行宪法为1982年宪法，并历经1988年、1993年、1999年、2004年、2018年五次修订。《中华人民共和国宪法》确定了一个激励全国各族人民共同团结奋斗、共同繁荣发展的宏伟目标，集中反映和体现了全国各族人民共同意志和根本利益。

《中华人民共和国宪法》分为序言、总纲、公民的基本权利和义务、国家机构（全国人民代表大会、中华人民共和国主席、国务院、中央军事委员会、地方各级人民代表大会和地方各级人民政府、民族自治地方的自治机关、监察委员会、人民法院和人民检察院）和国旗、国歌、国徽、首都，共 143 条。

党的十八届四中全会提出将每年的 12 月 4 日定为国家宪法日，十二届全国人大常委会第 11 次会议通过了关于设立国家宪法日的决定，以立法形式将 12 月 4 日设立为国家宪法日，并规定国家通过多种形式开展宪法宣传教育活动。设立国家宪法日、开展宪法宣传周活动，旨在深入开展宪法宣传教育，增强全社会的宪法意识，推进全面依法治国。

《中央宣传部、司法部关于开展法治宣传教育的第八个五年规划（2021—2025 年）》强调：在全社会深入持久开展宪法宣传教育活动，阐释好"中国之治"的制度基础，阐释好新时代依宪治国、依宪执政的内涵和意义，阐释好宪法精神。加强国旗法、国歌法等宪法相关法的学习宣传，强化国家认同。全面落实宪法宣誓制度。加强宪法实施案例宣传。结合"12·4"国家宪法日，开展"宪法宣传周"集中宣传活动。加强宪法理论研究，推动宪法类教材和图书的编写、修订、出版。在新市民仪式、青少年成人仪式、学生毕业仪式等活动中设置礼敬宪法环节，大力弘扬宪法精神。在"五四宪法"历史资料陈列馆基础上建设国家宪法宣传教育馆。

对青年大学生进行宪法教育，就是要组织大学生深入学习宪法的基本内容和精神实质，学习立法法、选举法、人大及各类国家机构组织法、民族区域自治法等相关宪法性法律,，进一步增强宪法意识和法治观念，崇尚宪法，遵守宪法，维护宪法权威。

（三）学习宣传中国特色社会主义法律体系

《中国特色社会主义法律体系》白皮书指出：中国特色社会主义法律体系，是以宪法为统帅，以法律为主干，以行政法规、地方性法规为重要组成部分，由宪法相关法、民法商法、行政法、经济法、社会法、刑法、诉讼与非诉讼程序法等多个法律部门组成的有机统一整体。

中国特色社会主义法律体系除宪法外，还包括以下几种法律法规：

法律：法律是中国特色社会主义法律体系的主干。我国最高权力机关全国人民代表大会和全国人民代表大会常务委员会行使国家立法权，立法通过后，由国家主席签署主席令予以公布。全国人大及其常委会制定的法律，确立了国家经济建设、政治建设、文化建设、社会建设以及生态文明建设各个方面重要的基本的法律制度，构成了中国特色社会主义法律体系的主干，也为行政法规、地方性法规的制定提供了重要依据。法律一般都称为××法，如刑法、劳动合同法、教师法、教育法、道路交通安全法、治安处罚法、消费者权益保护法等。

法律解释：是指一定的解释主体根据法定权限和程序，按照一定的标准和原则，对法律的含义以及法律所使用的概念、术语等进行进一步说明的活动。例如：全国人民代表大会常务委员会关于《中华人民共和国刑法》第三百四十一条、第三百一十二条的解释，最高人民法院关于审理民事、行政诉讼中司法赔偿案件适用法律若干问题的解释。

行政法规：行政法规是中国特色社会主义法律体系的重要组成部分。国务院根据宪法和法律，制定行政法规，由国务院总理签署国务院令公布。这些法规也具有全国通用性，是对法律的补充，在成熟的情况下会被补充进法律，其地位仅次于法律。行政法规在中国特色社会主义法律体系中具有重要地位，是将法律规定的相关制度具体化，是对法律的细化和补充。法规多称为条例，也可以是全国性法律的实施细则。例如《全国社会保障基金条例》《不动产登记暂行条例》《海关稽查条例》《事业单位人事管理条例》《保守国家秘密法实施条例》等。

地方性法规、自治条例和单行条例：其制定者是各省、自治区、直辖市的人民代表大会及其常务委员会。地方性法规大部分称作条例，有的为法律在地方的实施细则，部分为具有法规属性的文件，如决议、决定等。例如《广东省人口和计划生育条例》《浙江省农村集体资产管理条例》《福建省实施〈居住证暂行条例〉办法》《湖南省长株潭城市群生态绿心地区保护条例》《长沙市湘江流域水污染防治条例》《延边朝鲜族自治州自治条例》等。

对于大学生来说，除了要学习领会根本大法《宪法》外，还要学习领会其他法律法规，培养法治思维。一方面，要深入学习民法、行政法、刑法、诉讼法、商法、经济法、劳动法、社会保障法、环境保护法、治安处罚法、道路交通安全法等，掌握其主要原则和基本内容。另一方面，要深入学习法理学基本知识，包括法律的定义、法律的要素、法律的作用与价值、法律的本质、法律和其他社会现象的关系、法律的现实运作、法律思维与法律方法等，掌握马克思主义法学思想的观点和方法论。此外，还要深刻理解和掌握中国特色社会主义法律体系的特征，明了中国特色社会主义法律体系体现了中国特色社会主义的本质要求，体现了改革开放和社会主义现代化建设的时代要求，体现了结构内在统一而又多层次的国情要求，体现了继承中华传统法律文化精华和借鉴人类法治文明成果的文化要求，体现了动态、开放、与时俱进的发展要求。

在学习宣传中国特色社会主义法律体系方面，要突出宣传民法典。广泛开展民法典普法工作，大力弘扬平等自愿、诚实信用、权利义务相一致、保护财产权利、便利交易流转、公序良俗等契约精神和法治精神。组织开展民法典知识竞赛、"美好生活·民法典相伴"主题宣传等活动，营造全员尊法学法守法用法的良好氛围。

（四）学习宣传党内法规

党内法规是党的中央组织以及中央纪律检查委员会、中央各部门和省、自治区、直辖市党委制定的规范党组织的工作、活动和党员行为的党内规章制度的总称。党章是最根本的党内法规，是制定其他党内法规的基础和依据。党的中央组织制定的党内法规称为中央党内法规。中央纪律检查委员会、中央各部门和省、自治区、直辖市党委就其职权范围内有关事项制定党内法规。

党内法规的名称为党章、准则、条例、规则、规定、办法、细则。党章对党的性质和宗旨、路线和纲领、指导思想和奋斗目标、组织原则和组织机构、党员义务和权利以及党的纪律等作出根本规定。准则对全党政治生活、组织生活和全体党员行为作出基本规定。条例对党的某一领域重要关系或者某一方面重要工作作出全面规定。规则、规定、办法、细则对党的某一方面重要工作或者事项作出具体规定。中央纪律检查委员会、中央各部门和省、自治区、直辖市党委制定的党内法规，称为规则、规定、办法、细则。

高校要主动适应全面从严治党新形势新要求，切实加大党内法规宣传教育力度。要突出宣传党章，教育引导大学生党员尊崇党章，以党章为根本遵循，坚决维护党章权威。要大力宣传《中国共产党廉洁自律准则》《中国共产党纪律处分条例》《中国共产党问责条例》《中国共产党党内监督条例》等各项党内法规，注重党内法规宣传与国家法律宣传的衔接和协调，坚持纪在法前、纪严于法，把纪律和规矩挺在前面，教育引导大学生党员做党章党规党纪和国家法律的自觉尊崇者、模范遵守者、坚定捍卫者。

要以党章、准则、条例等为重点，深入学习宣传党内法规，注重党内法规宣传同国家法律宣传的衔接协调。突出学习宣传党章，教育党员以党章为根本遵循，尊崇党章、遵守党章、贯彻党章、维护党章。把学习掌握党内法规作为合格党员的基本要求，列入党组织"三会一课"内容，促进党内法规学习宣传常态化、制度化。

（五）学习宣传行业法规

行业法规是指由政府颁布的该行业行为管理规定，以及由行业主管部门颁布的行业管理条例等。例如《中华人民共和国教育法》《中华人民共和国职业教育法》《中华人民共和国道路交通安全法实施条例》《中华人民共和国职业病防治法》《互联网上网服务营业场所管理条例》《电信和互联网用户个人信息保护规定》等。

大学生要积极学习掌握与今后所从事专业及职业岗位相关的行政法规。以建设类院校为例，大学生要重点学习并掌握我国建筑行业法规。

《中华人民共和国建筑法》：1997 年 11 月 1 日第八届全国人民代表大会常务委员会第二十八次会议通过，自 1998 年 3 月 1 日起施行。根据 2011 年 4 月 22 日第十一届全国人民代表大会常务委员会第二十次会议

《关于修改〈中华人民共和国建筑法〉的决定》第一次修正。根据 2019 年 4 月 23 日第十三届全国人民代表大会常务委员会第十次会议《关于修改〈中华人民共和国建筑法〉等八部法律的决定》第二次修正。《中华人民共和国建筑法》分总则、建筑许可、建筑工程发包与承包、建筑工程监理、建筑安全生产管理、建筑工程质量管理、法律责任、附则八章 85 条。

《中华人民共和国城市房地产管理法》：1994 年 7 月 5 日第八届全国人民代表大会常务委员会第八次会议通过，自 1995 年 1 月 1 日起施行。根据 2007 年 8 月 30 日第十届全国人民代表大会常务委员会第二十九次会议第一次修正。根据 2009 年 8 月 27 日第十一届全国人民代表大会常务委员会第十次会议第二次修正。根据 2019 年 8 月 26 日第十三届全国人民代表大会常务委员会第十二次会议第三次修正。分为总则、房地产开发用地、房地产开发、房地产交易、房地产权属登记管理、法律责任、附则七章 73 条。

《中国人民共和国招标投标法实施条例》：2011 年 11 月 30 日国务院第 183 次常务会议通过，自 2012 年 2 月 1 日起施行。《中国人民共和国招标投标法实施条例》共七章 85 条，分为总则、招标、投标、开标、评标和中标、投诉与处理、法律责任、附则。该条例针对招标投标中存在的突出问题，细化了保障公开公平公正、预防和惩治腐败、维护招标投标正常秩序的若干规定。

《建设工程质量管理条例》：2000 年 1 月 10 日国务院第二十五次常务会议通过，自 2000 年 1 月 30 日起施行。《建设工程质量管理条例》分为总则、建设单位的质量责任和义务、勘察、设计单位的质量责任和义务、施工单位的质量责任和义务、工程监理单位的质量责任和义务、建设工程质量保修、监督管理、罚则、附则等九章 82 条。该条例规定：凡在中华人民共和国境内从事建设工程的新建、扩建、改建等有关活动及实施对建设工程质量监督管理的，必须遵守本条例。

《建设工程安全生产管理条例》：2003 年 11 月 12 日国务院第 28 次常务会议通过，自 2004 年 2 月 1 日起施行。《建设工程安全生产管理条例》分为总则、建设单位的安全责任、勘察、设计、工程监理及其他有关单位的安全责任、施工单位的安全责任、监督管理、生产安全事故的应急救援和调查处理、法律责任、附则等八章 71 条。该条例颁布与实施的目的在于加强建设工程安全生产监督管理，保障人民群众生命财产安全。

《建筑工程施工许可管理办法》：住房和城乡建设部令第 18 号颁布，自 2014 年 10 月 25 日起施行，旨在加强对建筑活动的监督管理，维护建筑市场秩序，保证建筑工程的质量和安全。《建筑工程施工许可管理办法》共 20 条，对申请施工许可证、办理施工许可证、施工许可证管理、监督检查、罚则等均作出了明确规定。

《建设工程抗震管理条例》：2021 年 5 月 12 日国务院第 135 次常务会议通过，自 2021 年 9 月 1 日起施行。该条例八章 51 条，分总则，勘察、设计和施工，鉴定、加固和维护，农村建设工程抗震设防，保障措施，监督管理，法律责任，附则。

以上仅仅是建设行业最主要最常用的法规，如再细化的话有数十项之多。对于建设类院校的大学生而言，今后将走向建筑行业各个岗位，在校期间必须认真学习并掌握这些行业法规，自觉遵守行业法规，规范职业行为，树立质量意识和安全意识，修筑经得起时间和灾害检验的精品建筑。

三、法治文化育人的途径

中国政法大学在法治文化育人方面的做法极具特色，值得其他院校借鉴学习。该校将弘扬法治文化作为培育大学精神的载体，传承发展中华优秀传统文化、革命文化与社会主义先进文化，通过课程建设、学术研究、文化传播三大平台联动聚力，努力建设德法兼修高素质法治人才成长的精神家园。一是以专业课程建设为核心，创新法治文化教学体系，开设"中华文明通论"等50余门相关课程，设立法治文化专业，构建以"碑石课堂"互动式教学模式为代表的法治文化教学体系。二是以学术研究为基础，创新发展中华传统文化，依托教育部人文社会科学重点研究基地法律史学研究院和法律古籍整理研究所、法治与文化研究中心等优势平台，深入开展中华法治历史与法治文化研究。三是以文化平台为依托，讲好中国法治故事，建成钱端升纪念馆、法庭科学博物馆及法治文明虚拟博物馆，与多家文博单位共建学生实践基地，师生共同创作《法韵中华》日历书等文创品，积极营造人人争做法治文化守护者、传承者和传播者的良好氛围。

笔者认为，高校要探索构建"课堂教学＋校园活动＋社会实践"三位一体的法治文化育人模式，帮助大学生正确认识社会主义法治理念的本质属性，深刻理解社会主义法治理念的基本内涵，明确社会主义法治理念的基本要求，掌握行业法规规范职业行为，进一步提高法治观念、培育法治精神，自觉做社会主义法治的忠实崇尚者、自觉遵守者、坚定捍卫者。

（一）立足课堂教学，增强法治文化教育的针对性

课堂是大学生法治文化教育的主阵地，高校要充分发挥好课堂教学

的作用，不断提高学习宣传贯彻法律法规、增强法治文化教育的针对性。

1. 开足开好法律基础课程

法律知识的系统掌握是提高学生法律意识、增强学生法律素质、指导学生法律实践的前提和基础。《中共中央宣传部 教育部关于印发〈新时代学校思想政治理论课改革创新实施方案〉的通知》明确："思想道德与法治"是必修课之一，主要讲授马克思主义的人生观、价值观、道德观、法治观，社会主义核心价值观与社会主义法治建设的关系，帮助学生筑牢理想信念之基，培育和践行社会主义核心价值观，传承中华传统美德，弘扬中国精神，尊重和维护宪法法律权威，提升思想道德素质和法治素养。高等职业学校结合自身特点，注重加强对学生的职业道德教育。

高等教育出版社 2021 年出版的马克思主义理论研究和建设工程重点教材《思想道德与法治》第六章"学习法治思想 提升法治素养"，内容包括"社会主义法律的特征和运行""坚持全面依法治国""维护宪法权威"和"自觉尊法学法守法用法"。高校在人才培养方案中要保证"思想道德与法治"课的课时，确保课程按计划有效开设。思政课教学科研部门要组织教师进行集体备课，研究并吃透教材内容，结合实际认真向学生讲授法律知识、传递法治理念、培养法治素质。要创新教学方式方法，精心设计实践教学项目，增强课堂教学的实效性。例如，可以组织大学生开展"模拟法庭"实践，设计劳动合同法或其他民事诉讼法的案例，让学生通过实践能够初步学会并运用相关的法律知识来分析和解决现实生活中的法律问题。

2. 开足开好行业法规课程

对于非法律类高校来说，除了开好"思想道德修养与法治"课程之外，还要开足开好行业法规课程，使学生掌握行业法规基本知识，培养行业法律意识，具备运用行业法律法规解决行业中有关法律问题的基本能力和依法保护个人权益的能力。

笔者长期在建设类院校工作，本部分仅举比较熟悉的建设类院校的例子。

对于建设类院校而言，要开足开好建设行业法律法规课程。一是准确定位教学目标。通过行业法规课程的学习，使学生掌握建设行业法规的基本体系以及概念，建设程序，招标投标，工程勘察，设计、监理、施工、合同、质量、安全等方面的法律规定，培养学生法律意识，提升学生专业法律能力，引导学生运用法律知识和法治思维解决将来工作中遇到的各种问题。二是合理确定授课时数。课堂教学有利于学生理解和掌握法律原则、法律体系和法律术语，实践教学有助于大学生将所学的法律方面的理论知识应用于实际问题中，做到理论联系实际。基于此，建设类院校在开设行业法规课程时要连续开设两个学期，总学时不少于72，其中实践教学至少12学时。充足的课时既能帮助学生掌握法律理论，又能提高学生解决问题的能力。三是科学设定教学内容。建设行业法规数量多，要掌握的内容也多，仅通过两个学期的教学是很难全部学习掌握的，因此，必须科学设定课程教学内容。结合建设类院校专业设置以及学生今后职业岗位，笔者建议建设行业法规课程的教学内容可以这样设定：建筑工程法规概述，建筑工程程序法规，建筑工程许可和执业资格制度，建筑工程招标投标法规，建筑工程勘察设计法规，建筑工程监理法规，建筑工程安全生产法规，建筑工程质量管理法规，建筑工程环境保护法规，等等。

（二）丰富校园活动，增强法治文化教育的吸引力

校园活动包罗万象、形式多样，就法治文化育人而言，高校可以精心设计并组织开展团体活动、文化活动、讲座报告等主题活动，扩大学生的参与度，激发学生的积极性。

1. 丰富社团活动

学生社团是学生为了实现社团成员的共同意愿和满足个人兴趣爱好的需求、自愿组成的、按照其章程开展活动的群众性学生组织。高校特别是非法律类院校要鼓励和支持大学生组建法律类学生社团，例如法律协会、法律援助中心（协会）、法律服务团等。这些法律类学生社团要定期组织开展系列主题活动，让学生通过法律活动来初步学会并运用与人们生活密切相关的法律知识来分析和解决现实生活中的法律问题。还可以组织开展一些常见的法律问题大调查，让学生了解民众的法律诉求，树立法治意识和法治思维，提高依法维权能力和运用法律知识解决实际问题的能力。

2. 丰富文化活动

校园文化活动在提高学生综合素养、培养学生诚信品质、敬业精神、责任意识、遵纪守法意识等方面能够发挥教育、导向、凝聚、激励等功能，高校法治文化育人要与校园文化建设有效衔接，精心设计法治文化活动。思政课实践教学要与校园文化建设有效衔接，精心组织开展文化活动，发挥好校园文化的育人功能。例如，针对宪法宣传教育，可以组织开展"四个一"活动：开展一次宪法诵读活动，选择宪法序言及正文中的适当章节、条款等，组织学生集体诵读；举行一次特别升国旗仪式，了解宪法关于国旗的规定；开展一次宪法知识测试或抢答赛；举办一次宪法专题书画展或板报展。再如，针对行业法规的学习，可以组织学生开展"安

全法规手抄报""行业法规大宣讲"等活动,加深学生对行业法规的理解。针对法律基础课程所讲授的诉讼法等法律知识,组织学生开展"模拟法庭""我是大法官"等实践活动,让学生了解司法程序与基本要求。

3. 丰富学术活动

高校要定期邀请专家学者来校作学术讲座或系列报告会,让学生全方位、多角度地了解法律知识与法治要求,弥补课堂教学的不足。例如可以开展"与法同行万人宣讲"活动,邀请法律专家,司法工作人员等向学生讲授法律法规;开设"法律讲堂",每月至少面向师生开展一次专题讲座或报告。同时,要创新讲座报告的形式,既可以围绕主题开展集中宣讲,又可以在学生公寓区或教学区设立"法律咨询点",分散讲解法律知识,现场回答学生关于法律法规的有关问题;还可以利用网络媒介,为师生员工搭建全方位的网络服务平台,通过学法微课堂、观看法律主题影视资料、查阅文献材料等,促使法治观念入脑入心。

(三)创新社会实践,增强法治文化教育的实效性

社会调查、生产劳动、志愿服务、公益活动、科技发明等社会实践活动是实践育人的重要载体,也是文化育人的有效载体。通过社会实践能使学生更加了解社会,引导学生运用马克思主义的基本立场、观点和方法分析问题、解决问题,增强思政课教学的实效性。大学生通过社会实践能够走进现实社会、了解国情国力和社情民意,通过社会实践能够增长个人才干、提高服务能力、立志奉献社会,通过社会实践能够锤炼意志毅力、培养优良品格,通过社会实践能够增强社会责任、激发学习动力。社会实践教学是课堂教学和校园活动的延续,可以让学生身处社会现实中积极地思考法律问题、解决法律问题,增

强学生的法治思维能力。

1. 创新参观考察

高校要带领学生就近到人民法院、人民检察院等单位进行参观访问，让学生亲临其境感受法律的权威和司法的威严。参观访问期间可以旁听庭审，熟悉诉讼程序与庭审规则；可以与法院、检察院工作人员进行座谈，交流所思所想，丰富知识，深化认识。组织学生到监狱、看守所等地进行法律警示教育，用反面教材来教育学生做遵纪守法的好公民。通过参观考察，可以激发学生学习法律知识的兴趣，引起学生对法律现象和法律问题的思考，提高学生的法治思维和依法办事能力。

2. 创新社会调查

社会调查能够培养学生观察社会的能力、适应社会的能力、交流沟通的能力以及撰写调查报告的能力，有助于大学生通过社会调查来检验所学知识并调整和完善知识结构。在组织学生进行法律法规方面的调查前，要明确选题目标，给学生列出选题范围或让学生结合实际自行选题，精心设计调查方案（包括目标、内容、地域、时间、对象、方法、人员、经费等），组织学生利用节假日或课余时间进行社会调查，形成调查报告，在课堂上展示。例如，可以组织学生对学校驻地附近社区居民的法律意识进行调查，分析居民法律意识现状，并有针对性地提出社区普法教育的对策。该调查有助于大学生了解我国城市居民的法律意识状况，进而加强和增进城市居民的法律意识，有针对性地进行普法宣传教育。

3. 创新志愿服务

青年志愿者行动是由共青团中央组织发起的一项社会公益事业，大学生是我国青年志愿者的主力军，参与志愿者组织开展的各项活动，能促使大学生实现自身价值，培养大学生的公民意识和社会责任感，锻炼大学生的奉献精神、服务能力等，是高校对大学生开展素质教育的新途径。高校在法治文化育人中要结合文化、科技、卫生"三下乡"和科教、文体、法律、卫生"四进社区"活动，实现法律宣传下乡、法律服务下乡、法律调解下乡，可以采取法律主题文艺演出、法律知识有奖竞答、发放法治宣传手册等途径，既向人民群众普及了法律知识，又加深了学生对法律知识的融会贯通。法律服务和法律咨询主要依托法律类学生社团进行，还可以联合驻地人民法院、检察院的工作人员共同进行，既解决了群众实际问题，又让大学生在实践中增强了运用法律知识解决实际问题的能力。

第二节 革命文化育人策略

革命文化是中国共产党和中国人民在革命、建设和改革开放各个历史时期形成的精神追求、精神品格、精神力量，既传承了中华优秀传统文化，又引领和发展了社会主义先进文化，在中华文明历史长河中起到了传承、融合和发展创新的作用，是中华民族最为独特的精神标识。革命文化继承了中华优秀传统文化的基因，汲取了中华优秀传统文化的营养，展示了中华文化独特魅力，展现了马克思主义与时俱进的理论品格，体现了共产党人勇于担当的鲜明品格，培养了共产党人为人民服务的宗旨意识。

高校要充分发挥革命文化在大学生理想信念教育中的积极作用，开发革命文化教育资源，丰富革命文化教育形式，优化革命文化教育环境，坚定大学生的理想信念，引导大学生坚定对马克思主义的信仰、坚定对中国特色社会主义的信念、坚定对实现中华民族伟大复兴的中国梦的信心。

一、革命文化育人的作用

（一）革命文化对大学生理想信念教育具有导向作用

一百年来，中国共产党团结和带领全国各族人民取得举世瞩目的成就，并留下了异常宝贵的革命文化资源。从建党圣地的上海、嘉兴南湖，到武装起义第一枪的江西南昌；从见证秋收起义部队与南昌起义部队胜利会师的江西井冈山，到革命圣地陕西延安；从红军会师的甘肃会宁，到使革命由歧路变通途的贵州遵义；从草原荒漠到塞上戈壁；从黄河两岸到关东雪原；从秦淮河畔到高原雪山，在这一伟大历程中所形成的革命文化精神与思想内涵，不断将中华民族重新推向世界民族之巅。这些融入了无数仁人志士为了实现中华民族伟大复兴的信念的革命文化，在大学生理想信念教育中有特殊的作用。当代大学生是中国特色社会主义事业建设者和接班人，大力弘扬与发挥革命文化的导向作用，有助于大学生树立中国特色社会主义理想信念，坚定中国特色社会主义的道路自信、理论自信、制度自信和文化自信。

（二）革命文化对大学生理想信念教育具有激励作用

革命文化是中国共产党带领全国人民在近百年的伟大实践历程中所凝练出的革命传统文化思想，其思想内容不仅有强调自强不息的民族精神，同时也极具丰富性、深刻性与感染性，在大学生理想信念教育中具有激励作用。"开天辟地、敢为人先的首创精神，坚定理想、百折不挠的奋斗精神，立党为公、忠诚为民的奉献精神"的红船精神；"坚定信念、艰苦奋斗、实事求是、敢闯新路、依靠群众、勇于胜利"的井冈山精神；"不怕牺牲、前赴后继、勇往直前、坚韧不拔、众志成城、团结互助、百折不挠、克服困难、忠诚爱国"的长征精神；"特别能吃苦、特别能战斗、特别能攻关、特别能奉献"的航天精神；"自强不息、顽强拼搏，万众一心、同舟共济，自力更生、艰苦奋斗"的抗震救灾精神等富有时代特征、民族特色的革命文化精神，不仅能够教育引导学生树立正确的价值观，更能够激励他们提高自身修养，培育大学生的爱国精神与民族精神。

（三）革命文化对大学生理想信念教育具有塑造作用

当代大学生成长、生活在信息化时代，他们接受信息的方式拥有比之前任何一个时代的人们更加多样性、便捷性等特点，从而使当代大学生的个性特征比以往任何时候都要独立。革命文化教育极具特质，在信息化时代，通过线上线下相结合的方式开展革命文化教育，可以形成和塑造大学生的理想信念。高校可以组织学生到革命圣地、红色遗址、先烈故居、纪念馆等地现场参观或线上参观，也可以线上线下开展红色主旋律电影欣赏、红色书籍阅读以及红歌比赛等，这些活动所体现的革命精神与先烈意志，不仅深深影响着青年大学生，促使其形成积极向上的世界观、人生观、价值观，而且使大学生通过回顾历史更加珍惜现在的幸福生活，树立与祖国和人民同呼吸共命运的精神意志。

二、革命文化育人的现状

（一）革命文化融入大学生理想信念教育的认识不到位

高校在进行大学生理想信念教育的过程中，虽然将革命文化教育纳入教育体系的各个方面，但仍存在一些较为突出的问题，表现在以下方面：没有深层次探究革命文化的内部价值，教育者仍然只注重将革命文化的外在内容传授给受教育者。在进行革命文化教育时，有的教育者只是单纯地把书本上较为肤浅的表象内容传授予受教育者，并没有深度挖掘革命文化的核心思想内涵。没有开设系统独立的课程，许多高校在进行革命文化教育时，只是简单地提及并渗透一些理想信念教育。没有开设革命文化与大学生理想信念教育相结合的独立课程，也没有针对革命文化与大学生理想信念教育相结合的独立教材，更没有真正系统地将革命文化与大学生理想信念教育有机联系在一起。

（二）革命文化融入大学生理想信念教育的形式不丰富

高校在进行理想信念教育时，仍停留在传统的讲座、观影、参观等形式上，过分强调对教育内容的探究，淡化了对教育方式的探究。实际上，在进行大学生理想信念教育时辅以革命文化教育，则可以使理论与实践充分结合，就能够使枯燥抽象的理论概念转变为丰富与生动的实践行为。革命文化为青年大学生的理想信念教育提供了实效内涵，能够使大学生的理想信念教育通过具体实践获得实践感悟，然后再利用感悟继续服务于实践，但有的高校却没有立足于此来丰富大学生理想信念教育。调查显示：多数学生不认可现行的理想信念教育方式，希望能够结合多媒体和网络技术，开展多种情境的教育方式，充分发挥学生学习的主体作用，激发学生的积极性和主动性，多用通俗易懂的语言、生动鲜活的事例、新颖活泼的形式，活跃教学气氛，启发学生思考，增强教学效果。

（三）革命文化融入大学生理想信念教育的效果不理想

革命文化融入大学生理想信念教育的效果不理想主要表现在以下方面：一方面，由于大学生对革命文化教育、理想信念教育的关注度不高，导致出现学生不重视、不愿学甚至认为不必学等错误认识，所以即使学校在组织开展教育，这部分学生在课堂上往往不愿意听课、在现场参观时走马观花，教育效果无法体现。另一方面，由于教育资源紧缺，很多院校为保证专业课教学，缩减公共基础课程的课时，或者将爱国主义教育、理想信念教育有关的课程、活动安排为大班上课、晚上上课，动辄上百人拥挤在教室里听课，教育教学效果较差。此外，由于这方面的师资力量匮乏，导致现有的教师仅满足于既得课时，满足于"上了课"，但上得怎么样、效果如何，却很难得到广泛关注，最终致使基于革命文化的理想信念教育教学水平得不到有效提高，仅处于一种低水平维持状态。

三、革命文化育人的策略

（一）开发教育资源

革命文化资源主要指新民主主义革命以来，中国共产党团结带领各族人民所形成的具有历史价值、教育意义、纪念意义的物质资源和非物质资源，以及蕴含其中的重要精神；主要包括重要机构、会议、事件、战役、战斗的遗址或者旧址；重要人物和具有重要影响的英雄烈士的故居、旧居、活动地、墓地、殉难地和遗物；烈士陵园和纪念堂馆、碑亭、雕塑、塔祠等纪念设施或者场所；重要的著作、手稿、文电、报刊、影像、文件、宣传品等文献资料和档案资料；重大事件和重要事迹，有代表性的文学、艺术作品等。

高校要充分利用好革命文化资源，对革命文化教育的相关内容有计划地整合，切实把革命文化纳入课程体系。第一，要把革命文化纳入思想政治理论课教学内容，使之成为教学中的专题，创新和改革教学方式方法，把学生引入到革命文化学习氛围中，加强实践教学，让学生感受红色经典、感悟历史，切身体会革命文化。第二，思想政治教育教研团队要在现有基础上，结合当前形势完善大学生理想信念教育，编撰具有深度与内涵的革命文化教育的特色教材，并让这本教材真正进入到课堂，使大学生能够更加深刻地接受革命文化教育。第三，要在课堂学习之外，开设革命文化与理想信念教育的系列专题讲座，并为大学生推荐一些革命文化读本，以此来完善课堂教学内容，使理想信念教育延伸至课堂以外。

（二）改进教育方法

大学生能否坚定理想信念，对于中国特色社会主义现代化建设具有举足轻重的战略意义。因此，高校务必要充分认识革命文化对大学生理想信念教育的促进作用，整合教育资源，丰富教育方式，让革命文化进校园、进课堂、进头脑。例如，可以开设革命文化教育专题课，将革命文化教育与大学生思想政治理论课教学有机结合起来；可以利用校内场馆和设施，建设革命文化长廊、革命题材雕塑、革命文化展板等；可以在图书馆设立红色书库或专架，让革命文化在潜移默化中育人；可以就近建立大学生红色教育基地，让学生身临其境，受到革命文化的感染和教育；还可以建设革命文化网络虚拟体验场馆，运用信息化手段丰富教育教学效果。这些生动直观的教育方式不仅可以使革命文化更加深入地与大学生理想信念教育联系在一起，而且可以使大学生的积极性与主动性得到提高，自觉把革命文化与理想信念教育融入到自身的思想意识中。

（三）优化教育环境

在"互联网+"时代，青年大学生获得信息与学习生活的主要途径已由传统媒介向网络媒介转变，互联网深深影响着青年大学生的思想意识与具体行为。虽然互联网发展与普及为大学生理想信念教育提供了新阵地与新机遇，但同时存在的一些问题也给大学生理想信念教育工作带来了严峻挑战。在革命文化融入大学生理想信念教育的进程中，尤其是在优化工作环境方面，应该以加大对校园信息安全的重视，积极吸引网络安全管理人才，提高师生网络安全与道德意识，强化网络安全监管力度等方面为切入点，创造一个安全高效的校园信息环境。同时，要灵活运用新媒体，积极占领网络宣传阵地，在校园网、微信公众号等设置革命文化专栏,探索建立"革命文化育人"专题网或公众号,使学生能及时、全面了解革命文化相关内容。

（四）融入育人实践

一是加强革命文化纪念场馆与大学生之间的联系，扩大红色文化资源的传播力。革命文化纪念场馆作为传播和弘扬红色文化的载体，应该加大与高校之间的联系，使大学生主动地吸收红色文化。高校可以在各个年级选拔一批愿意到红色文化纪念馆进行社会实践的同学，深入学习红色文化，回校后组织他们深入各班级开展红色文化宣讲，在课堂上为同学传播红色文化，学校组织其他同学前来参观时可以为他们讲解，使资源得到合理运用。

二是鼓励大学生参与校园红色网站建设，激发大学生的主观能动性。大学生是学习的主体，要想使红色文化得到很好运用就必须发挥大学生的主体作用。计算机系的同学可以参与校园红色网站的建设，其他同学可以参与设计，分年级来管理红色网站，在保证符合红色文化主题内容下，尽量让学生来更新网站的内容，宣传红色文化网站内容可以包含：话题专栏，日期所对应的红色文化事件，重要红色事件学生学习心得体会，学生参观红色旅游景点的参观报告，还可以在网站上设置红色文化知识竞赛等，使大学生们以多种形式来了解红色文化，充分发挥红色网站对大学生价值观教育和理论素养提升的积极作用，通过各种形式的学习，大学生更能接受红色文化，红色文化也能潜移默化地深入到大学生心中。

三是积极开展多种形式的红色文化实践活动。高校有很多学生社团，大多是专业性质或文艺性质的，例如测量协会、BIM 技术协会、文学社、演讲协会、舞蹈社团、歌唱社团、书法社团等，关于文化特别是红色文化的社团少之又少，学校应该引导学生探索组建红色文化类社团，支持学生们组织开展社团活动，社团成员负责在校内宣扬红色文化，红色精神，例如在校内粘贴海报，挂横幅，并按时更换以红色文化为主题的板报，特别是重要的历史事件，社团成员更应该更好地来装扮校园，使校园沉浸在红色文化中，学生也被红色氛围所感染。社团成员在平时可以排练一些红色节目，在学校重要晚会、活动上进行表演，激发学生的爱国情怀以及红色精神。

四是发挥大学生的主体作用，开展红色文化实践。各学校之间应该紧密联系，多联合开展一些关于红色文化的主题演讲比赛，选择青年节或者是重大历史事件的时间开展比赛，高校选择合适的人选参加比赛，不仅锻炼了大学生各方面的能力，还让红色文化得到了更好发扬；学校和当地政府还应该积极引导大学生到自己的家乡多宣传红色文化，可以是在街道举办晚会时发表红色文化演讲，也可以是到红色文化景区向游客介绍相关的历史事件等，形式丰富多彩，才能更好地发挥大学生的主体作用，才能自觉主动投入到红色文化的宣传和体验。

（五）创新育人路径

实施革命文化育人是提升学生思想道德素质的有效途径、践行社会主义核心价值观的有效载体、实现爱国主义教育的有效工具；有助于引领学生坚定马克思主义信仰和拥护党的领导、引导学生树立正确的价值观和陶冶爱国主义情操、增强责任意识与担当意识、提升文化自觉与文化自信；有助于用红色基因凝心聚力，通过学校的辐射带动，将红色基因融入人们的精神血脉，形成强大的向心力和凝聚力。

高校要研究构建革命文化进校园的"一主线两基地四平台"实施路径。"一主线"即把革命文化进校园作为学校文化建设的主线，根据不同学段学生身心发展特点和认知规律，区分层次、突出重点，着力打造各学段纵向衔接、各学科横向贯通、各环节有机配合一体化统筹推进的实施体系。"两基地"即依托高校学科优势建设革命文化研究基地，深入挖掘和阐发革命文化资源的丰富内涵和时代价值；依托革命资源优势建设红色文化教育实践基地，组织情景教育、社会实践、研学实践、军事训练、生存拓展等活动，推动学生继承优秀革命传统、发扬艰苦朴素作风，将红色基因融入精神血脉。"四平台"即打造课堂教学平台，充分挖掘利用革命文化中蕴含的丰富思想政治教育资源，开设红色文化教育通识课程；打造资源支撑平台，组织编写《革命文化概论》等特色教材或文化教育绘本、读本或校本教材，推出一批制作内容精、形式活、受欢迎的数字化产品，创作一批思想性艺术性观赏性相统一的优秀革命文化作品；打造主题活动平台，依托少先队、共青团、学生党支部、学生社团等，开展理论研讨、文艺体育等校园文化活动，开展各类红色主题的社会调查、志愿服务、公益活动等，举办传唱红色歌曲、观看红色影片、宣讲红色故事、阅读红色书目、品读红色家书等庄严庄重、内涵丰富的纪念活动；打造网络引领平台，依托校园网站、"三微一端"，创建一批传承革命文化的名站名栏，创作发布优秀网络作品，使革命文化传承联网上线。

第三节　优秀传统文化育人

教育部《完善中华优秀传统文化教育指导纲要》指出，加强中华优秀传统文化教育，是深化中国特色社会主义教育和中国梦宣传教育的重要组成部分，是构建中华优秀传统文化传承体系、推动文化传承创新的重要途径，是培育和践行社会主义核心价值观、落实立德树人根本任务的重要基础。要围绕立德树人根本任务，以弘扬爱国主义为核心的团结统一、爱好和平、勤劳勇敢、自强不息的民族精神为主线，以推进大中小学中华优秀传统文化教育一体化为重点，整体规划、分层设计、有机衔接、系统推进，促进青少年学生全面发展，培养富有民族自信心和爱国主义精神的社会主义事业建设者和接班人。

大学阶段以提高学生对中华优秀传统文化的自主学习和探究能力为重点，培养学生的文化创新意识，增强学生传承弘扬中华优秀传统文化的责任感和使命感。深入学习中国古代思想文化的重要典籍，理解中华优秀传统文化的精髓，强化学生文化主体意识和文化创新意识；深刻认识中华优秀传统文化是中国特色社会主义植根的沃土，辩证看待中华优秀传统文化的当代价值，正确把握中华优秀传统文化与中国化马克思主义、社会主义核心价值观的关系。引导学生完善人格修养，关心国家命运，自觉把个人理想和国家梦想、个人价值与国家发展结合起来，坚定为实现中华民族伟大复兴的中国梦不懈奋斗的理想信念。

中华优秀传统文化内容极为丰富，其对于优化和完善大学生的知识结构，全面提高大学生的思想道德素质和科学文化素质，具有十分重要的作用。因此，进行中华民族优秀传统文化教育，是提高大学生文化素质的有效途径之一。

一、加强中华优秀传统文化教育的原则与内容

（一）基本原则

——坚持中华优秀传统文化教育与培育和践行社会主义核心价值观相结合。要坚持历史唯物主义和辩证唯物主义的立场、观点和方法，深入挖掘和阐发中华优秀传统文化讲仁爱、重民本、守诚信、崇正义、尚和合、求大同的时代价值。要处理好继承和创新的关系，重点做好创造性转化和创新性发展。

——坚持中华优秀传统文化教育与时代精神教育和革命传统教育相结合。既要大力弘扬以爱国主义为核心的民族精神，又要积极弘扬以改革创新为核心的时代精神，继承和弘扬革命传统文化。

——坚持弘扬中华优秀传统文化与学习借鉴国外优秀文化成果相结合。既要高度重视培育学生的民族自信心、自豪感，又要注重引导学生树立世界眼光，博采众长。

——坚持课堂教育与实践教育相结合。既要充分发挥课堂教学的主渠道作用，又要注重发挥课外活动和社会实践的重要作用。

——坚持学校教育、家庭教育和社会教育相结合。既要发挥学校主阵地作用，又要加强家庭、社会与学校之间的配合，形成教育合力。

——坚持针对性与系统性相结合。既要根据不同学段学生身心发展特点，区分层次，突出重点，又要加强各学段的有机衔接，逐步推进。

（二）主要内容

加强对青年学生的中华优秀传统文化教育，要以弘扬爱国主义精神为核心，以家国情怀教育、社会关爱教育和人格修养教育为重点，着力完善青年学生的道德品质，培育理想人格，提升政治素养。

——开展以天下兴亡、匹夫有责为重点的家国情怀教育。着力引导青年学生深刻认识中国梦是每个人的梦，以祖国的繁荣为最大的光荣，以国家的衰落为最大的耻辱，增强国家认同，培养爱国情感，树立民族自信，形成为实现中华民族伟大复兴的中国梦而不懈努力的共同理想追求，培养青年学生做有自信、懂自尊、能自强的中国人。

——开展以仁爱共济、立己达人为重点的社会关爱教育。着力引导青年学生正确处理个人与他人、个人与社会、个人与自然的关系，学会心存善念、理解他人、尊老爱幼、扶残济困、关心社会、尊重自然，培育集体主义精神和生态文明意识，形成乐于奉献、热心公益慈善的良好风尚，培养青年学生做高素养、讲文明、有爱心的中国人。

——开展以正心笃志、崇德弘毅为重点的人格修养教育。着力引导青年学生明辨是非、遵纪守法、坚韧豁达、奋发向上，自觉弘扬中华民族优秀道德思想，形成良好的道德品质和行为习惯，培养青年学生做知荣辱、守诚信、敢创新的中国人。

二、中华优秀传统文化育人的显著作用

中华传统文化的灵魂和精华具有旺盛的生命力，时时刻刻在为中华民族的繁荣昌盛提供源源不断的精神动力，对于大学生文化素质教育有很大的促进作用。

（一）有助于增强大学生的社会责任感

中华优秀传统文化是进行爱国主义教育的好教材，中国历史悠久，文化灿烂，让学生了解祖国的历史和文化，就会使他们油然而生出一种作为中国人的自豪感，激发他们奋发学习、建设祖国的热情，同时也使他们认识到过去的辉煌是祖先们创造的，中华民族的伟大复兴需要一代又一代人继往开来不断奋斗，这在无形中会增强青年学生为国家民族贡献青春和力量的意识。

（二）有助于促进大学生良好品德的养成

中华优秀传统文化是对大学生进行道德教育取之不尽、用之不竭的思想宝库。中华优秀传统文化以人为本，以德为先，其核心内容就是教育人、塑造人，最终目的是要培养出正直善良、对社会有用的人。中华优秀传统文化讲礼仪，一举一动符合社会规范和道德标准；讲情操："穷且益坚，不坠青云之志"；讲气节："士可杀不可辱"；讲奉献："先天下之忧而忧，后天下之乐而乐"，等等。所有这些，在今天的道德教育中仍具有积极的借鉴意义。

（三）有助于培养大学生务实进取的精神

中华民族几千年来以实用实践为主导的生活态度，从根本上影响着中华民族文化的精神。务实精神是"一分耕耘，一分收获"的农耕生活产生的一种群体趋势，"大人不华，君子务实"是中国贤哲们一贯倡导的精神。同时，中华优秀传统文化所倡导的"天行健，君子以自强不息"的积极进取精神，亦是激励大学生努力奋斗、不断进取的精神力量。这些精神深深影响着当代大学生求实、务实、进取的态度，对于其寻找适合自己的人生目标，实现自己的人生价值具有十分重要的指导意义。

（四）有助于促进大学生创新能力的培养

中国古代传统思维方式，既有四平八稳、强调对称的定向思维，也有标新立异、与众不同的逆向思维，还有夸张离奇、出人意料的想象思维，中国的神话故事，志怪小说展示的就是想象思维，当代大学生要善于从中华优秀传统文化中吸收思维营养，厚积而薄发，然后根据现代社会的需求实施创新，提高和增强自己的创新能力，培育创新精神。

三、中华优秀传统文化育人的基本要求

（一）培育大学生自强不息的进取精神

《易经·乾卦·象传》曰"天行健，君子以自强不息"，古人从四季推移与日月星辰运行等自然现象中悟出了自强不息、刚健有为的人文精神，这种精神在数千年华夏文明史上一直是最重要的、居于主流地位的文化精神。所谓"自强不息"，就是自我发愤图强，永不停息，对于培养我们民族不屈不挠的进取精神产生过并将继续产生积极的影响。在市场经济条件下，各行各业竞争日益激烈，面对竞争局面，我们应当树立知难而进的进取意识，在竞争中开创新局面，推进自己的事业。当代大学生要树立自强不息、刚健有为的人生观，积极主动培养自己的竞争意识和奋斗精神，全面提高自身综合素质，将来成为社会有用之才。"天行健，君子以自强不息；地势坤，君子以厚德载物"是中华民族自强不息、不断追求、实现美好理想的精神源泉。儒家强调的是自我超越、不断进取的品质和不屈不挠、顽强奋斗的意志。"苟日新，日日新，又日新"强调

的就是在奋进中创新、在创新中进取。自强不息对于培育民族不屈不挠的进取精神产生了积极的影响。

（二）培育大学生矢志不渝的爱国情怀

自古以来，人们一直把"经世致用，天下为公"作为自己的人生理想和人生态度，从而形成了中国人特有的、强调民族凝聚力、民族自豪感以及国家在先、个人在后的文化基因，如"君子忧道不忧贫""生于忧患，死于安乐""先天下之忧而忧，后天下之乐而乐""大道之行也，天下为公""天下兴亡、匹夫有责"。爱国主义是中华优秀传统文化的一个特别突出的主题，是"夙夜在公""国而忘家，公而忘私""天下兴亡，匹夫有责""人生自古谁无死，留取丹心照汗青""苟利国家生死以，岂因祸福避趋之"等强烈的社会责任感的深化与升华。通过学习中华优秀传统文化中的爱国精神，可以激励当代大学生以历代爱国英雄为榜样，继承爱国主义传统，明确自己肩负的历史责任，刻苦学习先进的科学文化知识，增长才干，立志报效祖国。

（三）培育大学生天人合一的和谐意识

天人关系是中国哲学的基本问题，是儒家追求的最高精神境界。"天人合一"强调人与自然的统一，人的行为与自然的协调，道德理性与自然理性的一致。人不能违背自然，不能超越自然界的承受力去改造自然、征服自然和破坏自然，只能在顺从自然规律的条件下去利用自然、调整自然，这与我们目前所提倡的科学发展的内涵是相通的，"天人合一"的思想，为现代社会的和谐发展提供了积极的认识前提。中华优秀传统文化的天人合一思想，强调人与自然的统一，强调人的行为与自然规律的协调，大学生应从传统文化中汲取"天人合一"思想，正确处理人与自然的关系，应清醒认识到如果凭借人的贪欲膨胀而肆意掠夺与破坏自然资源，就是涸泽而渔、杀鸡取卵。同时，在日常生活中要牢固树立环保意识，自觉维护生态平衡，保护野生动植物，绿化环境，从而促进人与自然的和谐共生。

（四）培育大学生"不为物役"的人文精神

中华优秀传统文化主张"不为物役"，"物"被儒家表述为"利"，与"利"相对的是"义"。儒家并不弃绝功利与财富，他们肯定人对"利"的合理追求，但如果"利"与"义"形成对峙，就应该舍"利"而取"义"。儒家强调"利"的追求必须接受"义"的制约，相对于"义"，"利"始终处于从属地位。在市场经济条件下，人可以合理地追求金钱和财富，但有些人一味追求物欲，将对金钱的索取看作人生价值所在。大学生应引以为戒，汲取传统文化"不为物役"的人文精神，树立正确的财富观和高尚的人生观，不做金钱的奴隶，避免滑入拜金主义的泥潭。

（五）培育大学生仁人君子的道德修养

中华优秀传统文化认为，"太上有立德，其次有立言，其次有立功。虽久不废，此之谓不朽"（《左传·襄公二十四年》），"德"的首要问题就是"仁"，"仁"的基本精神是爱人，"泛爱众,而亲仁"（《论语·学而》）。"仁"即"己所不欲，勿施于人"（《论语·颜渊》）、"己欲立而立人，己欲达而达人"（《论语·雍也》）。儒家所说的"君子"是至善至美的"完人"，怀有"三军可夺帅也，匹夫不可夺志也"的勇毅气概和"富贵不能淫，贫贱不能移，威武不能屈"的坚贞品格，具备"先天下之忧而忧，后天下之乐而乐"的崇高精神和"天下兴亡,匹夫有责"的忧患意识。这种"仁人君子"的道德修养对于净化人类灵魂、净化社会风气有强大的促进作用。

对大学生进行传统文化教育，引导他们以传统文化中的仁人君子为楷模，自觉培养高尚的道德情操，不断追求更高的人生境界。

（六）培育大学生博大仁爱的道德品格

"仁"是儒家最核心的理念，"仁者爱人"就是要重视人、尊重人、同情人、关怀人。儒家把"仁"概括为人的道德的最高原则，认为其他的道德标准都是由"仁"衍生出的。"仁"是博大仁爱的精神，是"老吾老以及人之老，幼吾幼以及人之幼""亲亲而仁民，仁民而爱物"。儒家主张把仁爱精神推广到宇宙万物，对他人、对社会、对整个自然界都要有爱心，这对当今加强社会公德建设有一定的积极意义。在人际关系上，儒家强调"诚""信"，"诚于中，形于外"，诚实不欺谓之信，"人而无信，不知其可也。""言之所以为言者，信也。言而无信，何以为言"，主张"言必行，行必果"。"诚信"是完善人格的道德前提，也是沟通人际关系，促进人与人之间相互尊重和相互信任的精神纽带。

优秀传统文化是中华民族的精神命脉，是最深厚的文化软实力，是实现中华民族伟大复兴中国梦的根本性力量，是培育和践行社会主义核心价值观的强大动力。湖南城建职业技术学院为切实加强中华优秀传统文化教育，专门制定了《新时代中华优秀传统文化融入创新人才培养实施方案》。该方案分为指导思想、总体目标、基本原则、主要内容、重点任务和保障措施，在重点任务部分，从加强课堂文化建设、加强文化载体建设、加强校园文化建设、加强示范引领培育四个方面提出了14项举措。这些举措为：充分发挥思政课主渠道作用，切实发挥通识课程文化育人作用，切实发挥专业课课程思政育人作用；举办主题教育活动，举办文化传承特色校园实践活动，深入开展传统文化教育社会实践活动，推进基于建筑文化传承的文化品牌创新活动；厚植中华优秀传统文化底蕴，开展中华传统文化宣传教育活动，推进文化传承与创新平台建设，重视中华优秀传统文化育人环境的营造；打造中华优秀传统文化育人骨干教师队伍，树立中华优秀传统文化传承创新典范，加强传统文化理论与实践研究。

第四节　鲁班文化育人体系

鲁班（公元前 507 年—公元前 444 年），姓公输，名班，战国时期鲁国（今山东滕州）人，后世尊称其为鲁班。鲁班是中国古代一位出色的发明家，中国的土木工匠们都尊称他为祖师。木工师傅们用的手工工具，如钻、刨子、铲子、曲尺、划线用的墨斗，据说都是鲁班发明的。而每一件工具的发明，都是鲁班在生产实践中得到启发，经过反复研究、试验出来的。

1987 年，中国建筑业联合会设立行业性荣誉奖——建筑工程鲁班奖。1996 年 9 月 26 日，建筑工程鲁班奖与国家优质工程奖合并，称中国建筑工程鲁班奖（国家优质工程）。2008 年 6 月 13 日，中国建筑工程鲁班奖（国家优质工程）更名为中国建设工程鲁班奖（国家优质工程）。中国建设工程鲁班奖（国家优质工程）奖杯把鲁班塑造成一个春秋时期鲁国装束的工匠，左手持墨斗曲于胸前，右手持"班母"拉出墨线停于腰侧。金像底座正面粘贴刻有获奖工程和承建单位名称的镀金标牌。

湖南城建职业技术学院的主管单位湖南建工集团有限公司是一家在工程勘察设计、投资建设、维护运营、地产开发、劳务合作、技术研发、物业管理、职业教育等领域，具有直接对外经营权、进出口贸易权等综合实力的大型千亿级国有企业集团，已连续 22 年 54 个项目荣获鲁班奖 127 项。

一、鲁班精神的科学内涵

每个行业，都有一种灵魂，叫"工匠精神"。那是一种令人肃然起敬的气质。鲁班身上所彰显出的"吃苦耐劳、锲而不舍、刻苦钻研、敬业创新、注重细节、精益求精"，即是建筑行业的工匠精神。鲁班雕刻凤凰的故事，从中我们可以学到鲁班刻苦钻研、锲而不舍的精神；鲁班发明锯子的故事，从中我们可以学到鲁班注重细节、刻苦钻研的精神；鲁班发明各种仿生机械的故事，从中可以学到鲁班敬业创新、精益求精的精神。

对于鲁班精神众多学者作出许多概括提炼，说法不尽相同。侯延香等将鲁班精神概括为勇于探索的创新精神和精益求精的工匠精神。王斌等认为"勤劳、智慧、诚实、友善"是鲁班精神的核心。李国江指出创新是鲁班文化传统内涵的集中体现。李里丁对新时代的工匠精神加以延伸，提出了建筑业鲁班文化的基本内容：严守规矩、诚信执业的工匠本色；勤于思考、勇于探索的创新意识；吃苦耐劳、爱岗敬业的奉献精神；尊重规律、求真务实的科学态度；精益求精、追求卓越的品牌战略；互相帮衬、合作共赢的行业风尚。第四届鲁班科技节开幕式上首次提出了"传承规矩、创新创造、专注专研、精益求精"的"新时代鲁班精神"。中国建筑业协会副会长兼秘书长吴涛先生将鲁班文化与鲁班精神的内涵概括为：严守规矩、诚信执业的工匠本色；勤于思考、勇于探索的创新意识；吃苦耐劳、爱岗敬业的奉献精神；尊重规律、求真务实的科学态度；精益求精、追求卓越的品牌战略；互相帮衬、合作共赢的行业风尚。

温景文等将鲁班精神提炼归纳为：敬业、执着、勤奋、务实、诚信、精美、创新、进取、奉献。其具体表现如下。

1. 敬业。热爱所从事的建筑事业，对木工、瓦工等工作，抱有极高的热忱，将其作为终生的追求，矢志如一。

2. 执着。对所做的工作、从事的发明创造，刻苦钻研，锲而不舍，持之以恒。

3. 勤奋。在日常生活的劳动实践和发明创作中，不懈地劳动、创作、实践，不辞辛劳。

4. 务实。从一点一滴的小事做起，在平凡的劳作中做事，求实用、适用，不摆花架子，不走形式。

5. 诚信。敬畏所从事的职业，在参与公共事务时能做到公正守信，确保工程质量，取信于民。

6. 精美。追求精益求精，既要有工程质量美，又要有技术与艺术美。

7. 创新。所营造的工程、发明的技术、制作的工具体现创新创造，表现出聪明才智。

8. 进取。核心是不懈追求高超的技术、技能，精益求精的职业素养和不断进取创新创造的精神品格。

9. 奉献。以自己的发明创造、聪明才智奉献社会、人民、后世。

湖南城建职业技术学院鲁班文化研究会在深入研究的基础上编写的《鲁班文化读本》中将鲁班文化的内容概括为：严守规矩、诚信执业，勤于思考、勇于探索，吃苦耐劳、爱岗敬业，尊重规律、求真务实，精益求精、追求卓越，互相帮衬、合作共赢。鲁班文化的精髓是勤奋好学的工匠本色，精益求精的技术追求，知难而进的创新精神，造福众生的共享理念。鲁班文化的价值是传承创新优秀的传统文化，树立正确高尚的职业理想，树立求实创新的科学精神。

二、鲁班文化育人的实践

湖南城建职业技术学院以"湖南建设人才的摇篮"和"百万建筑湘军的'黄埔军校'"享誉省内外，学院构建了以"坚守价值追求、优化校园环境、铸造活动品牌、构建课程体系、创新评价机制"为主要内容的鲁班文化育人实践体系，取得显著成效，是中国建设教育协会评选的首批全国建设行业文化建设示范单位。

一是坚守鲁班文化育人的价值追求。"工匠精神"是鲁班文化的核心，代表着专门专业、专心专注，引领着鲁班文化育人工作的方向，通过坚守鲁班文化育人的价值追求，培育学生对行业文化的高度认同。学院成立了鲁班文化研究会，组建专门研究队伍，定期开展交流研讨和师生互动沙龙；在职教研究所网站、学院官方微信、电视台设立鲁班文化专栏，刊发鲁班文化研究相关文章，刊播相关视频；坚守中华文化立场，立足当前现实，结合学院办学特色，深入挖掘鲁班文化蕴含的思想观念、人文精神、道德规范，凝练出新时代鲁班精神。同时，结合培育和践行社会主义核心价值观、弘扬革命文化、社会主义先进文化的时代要求，重新诠释学院"一训三风"，使之成为全院师生孜孜以求的品质；每年举办一次鲁班文化研究优秀成果评选活动（与优秀政研成果评选合并进行）。

二是优化鲁班文化育人的校园环境。优化校园环境，营造鲁班文化育人的氛围。组建鲁班文化育人环境规划小组，根据学院地形地貌，全面规划校园环境，做到了主题清晰，设计新颖，色彩和谐，将"鲁班文化"体现在校园环境的各个方面；建设鲁班文化长廊和文化园，激发学生争做鲁班传人的热情；征集对应"鲁班与建筑文化"的楼宇、道路名称，增进建筑相关知识，增强对学院文化的认同感；精心设计建造了一批与

"鲁班文化"相关的校园雕塑、小品，细微处讲述鲁班生平故事，达到润物细无声的效果。

三是打造鲁班文化育人的活动品牌。以培育学生职业素质和职业精神为核心，打造"鲁班文化育人三大节"活动品牌。打造以"经典诗词师生吟诵会""鲁班读书月"等为主要内容的鲁班文化艺术节；打造以"挑战杯""创业计划书设计大赛"等为内容的鲁班科技创新节；打造以技能抽查、专业技能竞赛、优秀作品（作业、毕业设计）评选为内容的鲁班技能竞赛节。通过鲁班文化艺术节、鲁班科技创新节、鲁班技能竞赛节"三大节"系列活动，促进学生提高专业认识，沉淀行业历史，热爱建筑事业，激发创新热情，定位职业发展，展示学习成果，提高学生职业自信，引导学生争做鲁班传人。

四是构建鲁班文化育人的课程体系。精心打造由公共基础课、专业课、社会实践等构成的鲁班文化育人课程体系，实现鲁班文化精髓"进头脑、进教材、进课堂、进活动、进宿舍"。以第一课堂为主阵地，将鲁班文化与工匠精神融入人才培养计划与专业课程。开展鲁班文化主题讲座，开发网络课程、优质微课等教学资源库和特色校本教材，编写了《鲁班文化读本》（该书分三部分，阐述了鲁班的经典故事、鲁班的发明创造、鲁班文化及鲁班的影响，并附录了湖南城建职业技术学院特色鲁班活动项目简介、湖南建工集团有限公司优秀工程项目示例和海外工程项目示例）。以第二课堂为主载体，通过打造鲁班文化艺术节、鲁班科技创新节、鲁班技能竞赛节三大校园活动品牌，将工匠精神贯穿校园活动，内化为学生的价值追求；以第三课堂为主场所，通过学生宿舍制度建设、文化建设和安全教育，积极营造"安全、健康、和谐、文明"的宿舍社区环境，打造了学生宿舍鲁班文化活动室和鲁班文化体验区。

五是创新鲁班文化育人评价机制。从鲁班文化育人组织保障、机构运行、方案实施、活动开展、宣传氛围、育人实效等方面建立鲁班文化育人评价机制。依托《素质实践课程》建立学生评价标准，用素质学分来凸显育人实效性，同时配套激励机制，设立"鲁班传人""鲁班之星""鲁班学子"等奖项，将鲁班文化融入学生学习生活全过程。依托信息化系统平台，各部门将育人实践工作项目化，鼓励学生主动参与学院服务学生的事务工作并以此获取相应素质学分；同时，将鲁班文化育人工作任务纳入部门年度工作任务和年终工作考核，并对相关部门任务完成情况实行动态评价。

三、以鲁班文化育人为核心推进校企文化对接与融合

建设类高校校园文化建设必须体现建筑行业特色，大力推进建筑企业文化与校园文化的对接与融合，教育引导学生积极践行鲁班精神和建筑行业职业道德规范，成为具有较高文化素质和技术技能素质的人才。

（一）深刻认识校企文化对接与融合的意义

一是有利于传承中华优秀建筑文化。校企文化对接与融合，能够让学生全面学习和掌握古代和现代建筑文化精髓，传承和发展中华优秀建筑文化。中国传统建筑崇尚"天人合一"的建筑环境和遵循"以人为本"的原则，体现了中国传统文化的核心价值理念。古人强调"天时、地利、人和"，认为建筑空间首先要考虑如何满足人的需求，同时人、建筑与环境，也就是天、地、人三者之间要有一种十分和谐的关系，追求建筑与自然的和谐，使建筑与山水、建筑与花木等有机组成一个整体，达到建

筑美与自然美相互融合的境界。作为建设类院校，要传承和发展中华优秀建筑文化，并使之发扬光大，生生不息。

二是有利于推进特色校园文化建设。建筑企业文化融入校园文化，不仅可以促进学校教学、科研及管理等各方面工作，而且能促进学生各方面良好职业素养的形成，有利于校园文化建设的全面协调可持续发展。一方面能把校园文化建设落到实处，彰显建筑行业特色，培育和彰显校园文化的品牌；另一方面必将较好地调节和激励师生员工的思想行为，探索新的育人模式，为社会培养出高素质技术技能人才。

三是有利于提高学生的职业素养。校园文化与企业文化的对接与融合，是具有企业管理和学校教育双层文化背景的职业教育内涵积淀的成果，有利于整合建筑企业文化和高校校园文化，其实施原则是以学校为主体，以企业为主导，引入建筑企业文化打造特色职业教育，提高学生职业素养。要将企业文化融入日常教学中，实现职业教育常规化；营造塑造学习职业模范的氛围，做到职业教育典型化；利用校企合作、校外实训、社会实践等体验活动，实现职业教育的体验化；通过教师日常职业行为规范影响学生，实现职业教育的全员化。

（二）准确把握校企文化对接与融合的内容

一是校企精神文化对接。企业的精神文化是一种更深层次的文化现象，在整个企业文化系统中，它处于核心地位。学校精神是学校办学指导思想、人才培养模式、管理理念、师生道德修养、学校传统、专业特色、时代精神、理想追求等的集中表现。建设类高校精神要与建筑企业对接，借鉴、吸纳优秀建筑企业价值观、企业精神、战略目标和经营理念。校纪校规、校训校风建设要与企业精神的培养和企业职业道德教育紧密联系在一起。

二是校企制度文化对接。在制度文化建设上，建设类高校应注重汲取优秀建筑企业的管理经验和文化内容，强化诚信、守纪、敬业、团结等与企业文化有密切关联的教育内容，特别注意培养与企业员工相同的行为规范。同时，学生社团、学生会等学生组织的构建，也要体现民主、公平、正义等制度因素的参与和作用。在这种制度文化氛围下培育的学生能够遵章守纪，客观地对待组织和他人，摆正自己的位置。

三是校企物质文化对接。建设类高校在建设物质层次的校园文化时应处处呈现明显的建筑企业文化色彩。校园环境的布置，不是简单地在墙壁上悬挂名人名言，而是要将建筑行业对人才的需求信息、建筑行业与专业的发展趋势、业内成功人士的资料、业界用人的最新要求、优秀毕业生的成长经历等与职业息息相关的内容进行环境布置，以便让学生感受行业的日新月异，增强学习的紧迫感和动力。

四是校企行为文化对接。建设类高校应通过丰富多彩的社团活动，定期或不定期安排各类学术讲座和专业竞赛活动，形成参与式的教学，让学生做课堂的主人。在节假日、庆典日等常规性活动的基础上，还要与建筑企业联合办好技能节等活动，通过企业文化氛围对学生进行熏陶。此外，还应充分利用校园网络等传媒手段，建立互动平台，以满足学生了解、学习企业文化的需求。

（三）不断创新校企文化对接与融合的途径

一是在人才培养方案中融入企业文化。邀请建筑行业企业专家参与课程开发、教学改革、专业建设等，多层面加强学校文化与企业文化的衔接。教师在课堂教学中宣讲企业文化的精髓，让学生理解和接受企业文化。邀请行业企业专家和技术骨干来校公开授课或开设讲座，让学生分享企业的文化价值观念、企业职业精神和职业素质等，引导学生形成正确的择业观念及职业道德。

二是在实践教学环节中体现企业文化。以实践性专业教学为核心，把握工学结合的内在要求，以校企合作、产教融合为抓手，将企业文化和职业精神融入实践性专业教学的每个环节。在校园内积极创造虚拟仿真实习实训教学条件，积极营造企业工作环境，按照企业管理模式组织实习和实训环节。拓展校外实习实训基地，组织学生进入企业进行参观实习、顶岗实习，培养学生敬业乐群的职业精神，增强学生生产实践技能和整体职业素质。

三是在校园文化活动中融入企业文化。校园文化活动是校企文化对接与融合的重要载体，要联合建筑企业就校企文化融合进行规划设计，将企业文化渗透至校园文化活动的各个方面，通过校园文化活动进行校企文化的对接与融合，如开展学生社团活动，举办文化节、科技节，安排学术讲座和专业竞赛活动等，充分利用学报、校报、网站、电视台、微信、黑板报、宣传栏、标语等媒介宣传企业文化。

四是在校园物质环境中彰显企业文化。在学校环境、建筑设施等方面融入企业文化的一些典型特征，在校园文化的物质层面体现企业专业化的文化特质。在学院的教学管理、行政管理和学生管理等方面引入现代企业管理制度，在制度层面营造企业管理的文化氛围。借鉴建筑企业发展目标、核心价值观和道德规范等企业文化理念，提炼校园文化的精神内涵，塑造校企融合的特色校园文化。

附录

湘潭红色文化育人实施路径研究

红色文化是中国共产党在革命、建设和改革中形成的宝贵精神财富。

湘潭是"红太阳升起的地方",红色文化资源得天独厚。中共湘潭市委提出"文化湘潭"建设的目标与要求是:大力实施文化繁荣发展"双基"工程,将红色基因转化为红色传承,将红色精神转化为时代精神,将人文优势转化为产业优势,让以红色文化为底蕴的城乡文化不断丰富发展,市民文化素质、精神素养全面提升,文化湘潭更具特色和影响力,世界级红色旅游目的地建设实现重大突破。

《湘潭市国民经济和社会发展第十四个五年规划和 2035 年远景目标纲要》提出要传承弘扬红色文化,加强红色文化的保护利用,深挖红色文化内涵,推动红色文化与经济发展、社会建设、对外开放等各领域交融互促,把"伟人故里"的优良传统、资源禀赋、特色优势转化为湘潭城市精神引领力、对外开放影响力、高质量发展生产力。

一、湘潭红色文化概述

湘潭日报社全媒体记者成青、吴珊在《湘潭为什么这样"红"?》(《湘潭日报》2020 年 7 月 25 日)一文中,比较详细地介绍了湘潭红色文化资源,兹摘录如下:

在湘潭，"红"是一种精神。这里是"红色文化的摇篮""红太阳升起的地方"，孕育了伟大领袖毛泽东，诞生了开国元勋彭德怀。老一辈无产阶级革命家罗亦农、黄公略、陈赓、谭政、周小舟等从这里走出。他们带着信念如磐的红色精神，实现了建党、建国、建军伟业，在中国史册上创下了丰功伟绩。红色基因在这块土地上根植深厚、代代相传。

在湘潭，"红"是一种文化。从北宋胡安国、胡宏父子在湘潭碧泉著书讲学开始，湖湘文化中的湖湘学派在这里扎根远扬，影响着这块土地上生长的人们。湖湘文化中经世致用的学风深刻地影响了湘潭籍无产阶级革命家，形成了红色文化的一个突出特点。少年时期的毛泽东就对前人倡导的"经世致用"学风极表倾慕,形成了他"实事求是"的思想作风。

在湘潭，"红"是一种传统。新民主主义革命时期，湘潭地方党组织领导湘潭人民长期艰苦斗争，为夺取新民主主义革命的胜利，实现创建新中国的建功伟业，谱写了辉煌篇章。新中国成立后，在中共湘潭地方各级组织的领导下，湘潭人民继续发扬革命传统，以"敢教日月换新天"的精神，积极投身社会主义建设，谱写了"伟人故里、大美湘潭"的宏伟篇章。

湘潭红色资源遗存 300 余处，它们起到了传承和弘扬红色文化的载体作用。其中最重要的韶山景区是湘潭红色旅游的主体和重心，包含毛泽东同志故居，毛泽东早年从事农民革命运动的毛氏宗祠、毛震公祠、李氏宗祠以及毛泽东铜像、毛泽东同志纪念馆、毛泽东诗词碑林、毛泽东纪念园、毛泽东遗物馆、韶山烈士陵园等十多处全国著名景点，新中国成立以来一直是全国人民向往的红色圣地，是全国最具影响力的革命纪念地和爱国主义教育基地，被列为全国十大红色旅游基地之首。湘潭有一大批革命纪念地，包括革命会议遗址、革命家故居、革命家纪念馆和收藏于其中的革命前辈遗物和纪念物等，其中有著名的彭德怀故里乌石景区、东山学校、黄公略故里、陈赓故里、谭政故里、周小舟故居等，这些建筑与设施成了湘潭红色文化永续传承的强大物质基础。历史的地位，让湘潭担负起传承红色文化的独特作用。

二、湘潭红色文化研究现状

学术界对红色文化资源开发利用以及红色文化融入学生思想政治教育的研究成果较多，但对湘潭红色文化资源开发利用特别是湘潭红色文化进校园的研究还不够系统。

以"湘潭红色文化"为关键词在现行各大期刊数据库进行检索，目前公开发表的研究成果仅10余篇，主要分为两大类：一类研究湘潭红色文化资源的开发利用，如《湘潭红色文化特色及价值》（梅柳，《湖南科技学院学报》2012年第3期）、《基于"两型社会"建设的湘潭市红色文化遗产利用研究》（董懿，湘潭大学硕士论文. 2011年）、《与地域文化相结合的旅游纪念品开发与包装设计——以湘潭红色文化旅游纪念品开发与包装设计为例》（曾珑，《大众文艺》2019年第5期）等6篇文章；另一类研究湘潭红色文化进校园，如《湘潭初中美术课程中红色文化资源的开发研究》（龙佳，湖南科技大学硕士学位论文.2017年）、《浅析红色文化资源在湘潭初中美术课程中的应用》（龙佳、尹建国，《读天下》2016年第23期）、《湘潭红色文化融入高职院校思政课教学的路径研究》（谢林娜，2020年"基于核心素养的课堂教学改革"研讨会论文集）、《红色文化与大学生社会主义核心价值观教育——以湘潭大学为例》（刘红梅、冀陈伟,《当代教育理论与实践》2016 年第 3 期)等 4 篇文章。这些成果为本文的研究提供了一定参考。

三、湖南城建职业技术学院开展红色文化育人的实践

湘潭红色文化资源得天独厚,驻潭院校在开展红色教育方面的条件也是得天独厚的。长期以来,湖南城建职业技术学院把传承红色基因和红色文化作为学生思想政治工作的重要内容,纳入了事业发展规划、校园文化建设方案和思想政治工作体系建设方案,努力将红色基因转化为红色传承,将红色精神转化为时代精神,取得较好成效。

一是开发了一组红色教育课程。组织力量开发建设了红色教育教学资源库,开设了 4 门必修课("四史")、1 门选修课(湖湘伟人名人文化)。此外,还将红色教育有机融入思政课、公共基础课和专业课教学内容,比如,作为建筑行业院校,引导专业教师挖掘"红色建筑"背后的故事,以红色为主题的课程思政建设特色鲜明。

二是建立了两大红色教育基地。建立了现场实践教育基地。韶山、乌石、东山学校、党史馆等地都是学院开展现场实践教育的基地。彭德怀同志纪念馆等红色场馆是由学校的优秀建筑师设计的,在这样的现场开展实践教育,对学生的教育意义更加凸显。建立了虚拟体验教育基地。学院建设了数字化红色育人资源和基于 VR 技术的虚拟体验相结合的理想信念教育馆(面积 340 平方米,包括百年流变、强国之魂、红色潇湘、匠心传承、兴国大德、青春寄语六大板块),带给学生身临其境的真实体验。

三是开展了"三感"红色教育活动。"观"与"听"相结合夯实使命感。"观"(每周一次国旗观礼活动,班级每月主题班会集中观看一部红色影片,

每学期各党支部开展一次红色观影主题党日或党课活动），"听"（以学生党员为骨干组建红色故事讲述团深入班级宿舍讲红色故事）。"唱"与"演"相结合凸显体验感。"唱"（每年迎新晚会、元旦晚会、校园歌手大赛指定曲目是红色歌曲，已坚持多年），"演"（每年"对话信仰·绽放青春"诗词吟诵会重点排演红色剧目，已举办七届）。"读"与"走"相结合提升自豪感。"读"（每学期推出红色书单，以品读红色经典为主要内容的阅读推广活动在全省高校图工委系统产生较大影响），"走"（走进红色实践教育基地、线下线上重走红色道路）。

四、湘潭红色文化进校园的实施路径

驻潭高校要坚持"三融入"、打造"三平台"、推动"三联动"，创新湘潭红色文化育人的实施路径，通过学校的辐射带动，将红色基因融入师生的精神血脉，形成"六个湘潭"建设的强大向心力和凝聚力。

（一）坚持"三融入"：将湘潭红色文化融入课堂教学主渠道、融入社会实践大课堂、融入网络媒体新阵地

一是融入课堂教学主渠道。把湘潭红色文化教育纳入人才培养方案，分别在思想政治理论课各门必修课以及"四史"等选修课教学中设置"湘潭红色文化"等专题，强化学生对湘潭红色文化的理论学习，提升学生的认同感和获得感。构建湘潭红色文化教育选修课程体系，强化学生对湘潭红色文化和红色精神的学习和理解。比如，各高校可以在全校范围内开设《湘潭红色文化概论》《湘潭伟人名人文化》《湘潭红色故事选讲》《湘潭红色建筑背后的故事》《湘潭红色遗址遗迹》等系列特色选修课，对大学生进行红色文化的理论熏陶，激发学生学习、研究、传承湘潭红

色文化的内生动力。要创新教育教学方法，引导教师充分挖掘专业课程的红色文化育人元素，推进专业教学与文化育人相辅相成，形成专业课程与文化课程同向同行的育人格局，增强教学效果的吸引力和感染力。要定期邀请文化学者和知名人物来校开设高水平讲座，作为课堂教学的有益补充，开阔学生的文化视野。

二是融入社会实践大课堂。要依托马克思主义学院、人文、政法、历史等院系的学科专业优势和师资队伍优势，组建教师和学生湘潭红色文化宣讲团，以专业实习、社会调查、驻点帮扶等为契机，组织宣讲团深入学校驻地机关、企业、学校、社区等宣讲湘潭红色故事，在宣讲中传承红色精神和红色基因，使师生特别是青年学生成为湘潭红色文化的模范践行者。要结合主题党团日、"三下乡"社会实践等，组织学生深入伟人故居、纪念馆等地，组织开展情景教育、社会实践、研学实践、军事训练等活动，推动学生继承优秀革命传统、发扬艰苦朴素作风，将红色基因融入精神血脉。

三是融入网络媒体新阵地。宣传、文化主管部门要牵头开发建设湘潭红色文化教育网等网站，打造一批理论水平较高、突出地域特色、弘扬红色精神的宣传网站；要组织成立湘潭红色文化新媒体联盟，发挥全市各类新媒体的力量，为用好用活湘潭红色资源、推进红色文化育人营造良好网媒氛围。要遴选建设一批网络红色文化工作室等项目，培养开展网络红色文化教育的优秀团队。科学设置网站栏目，占据网络主阵地。高校要依托校园网站、微信公众号、微信视频号等阵地，创建一批传承湘潭红色文化的名站名栏，定期创作发布优秀网络作品，使湘潭红色文化传承联网上线。要依托学习通、世界大学城、易班等平台开设"红色网课"，通过微视频、微课、微电影等方式在网络上学习、传播、讲好湘潭红色故事、红色精神。此外，要利用信息技术建设湘潭红色文化虚拟体验教育基地，让学生在虚拟环境中有如身临其境体验。

（二）打造"三平台"：打造湘潭红色文化育人资源支撑平台、特色主题活动平台、校园环境熏陶平台

一是打造育人资源支撑平台。政府部门或高校要组织编写《湘潭红色文化概论》等特色教材或红色文化教育绘本、读本或校本教材，推出一批制作内容精、形式活、受欢迎的数字化产品，创作一批思想性、艺术性、观赏性相统一的优秀红色文化作品。高校可以发挥学科优势和人才优势，组织力量编写《湘潭红色文化读本》时，针对大学、中学、小学不同学段的学生特点、教学规律，从红色历史、红色思想、红色精神、红色人物、红色遗址等方面对湖湘红色文化进行系统介绍，作为课堂教学的重要参考资料。政府部门可以组建湘潭红色文化资源点联盟，更好地聚合湘潭红色文化资源，发挥湘潭红色文化资源在育人方面的集聚效应。地方图书馆、博物馆要开辟湘潭红色文化特色馆藏，有条件的高校图书馆要开辟湘潭红色文化专库或专架，充分利用湘潭红色文物、红色典籍等特色资源和优势条件，开展爱国主义教育和革命传统教育。

二是打造特色主题活动平台。高校要依托党组织、共青团、学生会、学生社团等，将湘潭红色文化融入党日团日、主题班会以及各类主题教育活动，广泛开展丰富多彩、特色鲜明、主题突出、成效显著的红色文化育人活动。开展湘潭红色文化主题教育活动，要突出使命感、体验感、自豪感"三感"教育，坚持"观"与"听"相结合夯实使命感，组织学生开展国旗观礼活动、观看红色影片，组建大学生红色故事讲述团深入

班级宿舍，让学生听湘潭红色故事。要坚持"唱"与"演"相结合凸显体验感，迎新晚会、元旦晚会等要将红色歌曲、红色剧目作为指定内容，组织师生演唱红歌、排演红剧。要坚持"读"与"走"相结合提升自豪感，定期推出红色书单，组织开展品读红色经典阅读推广活动，组织学生走进红色实践教育基地。

三是打造校园环境熏陶平台。高校要把传承湘潭红色文化融入到校园文化建设的各环节和全过程，增强校园红色文化的感召力，营造浓厚的红色文化育人氛围。要结合学校自身特点精心设计打造一批红色主题人文景观，营造传承发展湘潭红色文化的校园环境和文化氛围。高校要利用各种重要节庆日、纪念日，深入挖掘其蕴藏的丰富教育资源，通过传唱红色歌曲、观看红色电影、排演红色剧目、阅读红色书目、品读红色家书等活动，营造湘潭红色文化育人的浓厚氛围。要利用校园宣传阵地制作刊播红色文化优秀公益作品，在校园内张贴悬挂展示标语口号，营造生动形象的育人环境。

（三）推动"三联动"：推动构建政府主导、学校主体、社会参与的湘潭红色文化育人长效机制

一是政府部门主导推进。市县人民政府要以实施《湖南省红色资源保护和利用条例》为契机，对中国共产党团结带领全国各族人民所形成的具有历史价值、教育意义、纪念意义的湘潭市行政区域内的物质资源和非物质资源进行有效保护和利用，发挥红色资源培根铸魂的作用。要科学制定湘潭红色资源开发整体规划，重视湘潭红色文化进校园工作，建立督导机制、激励机制、评价机制，组织开展湘潭红色文化传承示范校评选活动，及时宣传推广一批典型经验。组织制定湘潭红色文化教育

大中小幼一体化课程标准，一体化设计涵盖各学段的红色文化系列教材，标准化建设湘潭红色文化课程，激励学生传承红色基因，努力成长为担当民族复兴大任的时代新人。

二是各级学校主动作为。各级各类学校要落实立德树人根本任务，以坚定理想信念为核心，以传承湘潭红色基因为主线，将湘潭红色文化进校园纳入事业发展规划、校园文化建设方案、年度工作计划等，落实到办学治校、教学科研、管理服务各环节，以课堂教学、社会实践等为抓手，让湘潭红色基因融入学生日常学习、生活，激励学生树立远大理想，努力成长成才。有条件的高校可以借鉴兄弟省份相关院校的成功经验，借助社会力量和社会资源，探索建设集展览宣教、主题景观展示、文化交流服务等功能于一体的党建红色文化长廊或湖湘红色文化长廊，打造沉浸式、立体化的全域思政新阵地。

三是社会力量广泛参与。企业、社会组织、群众文艺团队等要参与红色资源的保护和利用，主动做好红色文化资源的发掘整理工作，深入校园普及红色资源保护的现实意义及相关知识，充分利用文字、音像制品、图画等形式保存珍贵红色历史资料。要联合高校对红色文化所承载的政治、经济、历史、文化、艺术、科研、教育等多重价值进行深度挖掘，促使其转化为新的资源优势。要主动参与湘潭红色文化进校园工作，全方位支持湘潭红色文化研究基地和红色文化教育实践基地建设，全方位参与红色文化教育特色课程开发、资源建设等。要聚焦立德树人，积极与高校共建湘潭红色文化研究中心、红色文化育人示范基地、红色文化传承研究指导中心等，发挥社会力量在湘潭红色文化育人方面的重要作用。

　　总之，推进湘潭红色文化进校园是提升学生思想道德素质的有效途径、践行社会主义核心价值观的有效载体、实现爱国主义教育的有效工具；有助于引领学生坚定马克思主义信仰和拥护党的领导、引导学生树立正确的价值观和陶冶爱国主义情操、增强责任意识与担当意识、提升文化自觉与文化自信。驻潭各高校要把传承湖湘红色基因和红色文化作为大学生思想政治工作的重要内容，把湘潭的红色资源利用好，把湘潭的红色传统发扬好，把湘潭的红色基因传递好，全面提升青年学生的文化素质和精神素养，教育引导大学生树立远大理想、坚定崇高信念、肩负时代重任，为实现中华民族伟大复兴的中国梦贡献青春力量。

参考文献

习近平谈治国理政（第一卷）[M]. 北京：外文出版社，2014

习近平谈治国理政（第二卷）[M]. 北京：外文出版社，2017

习近平谈治国理政（第三卷）[M]. 北京：外文出版社，2020

习近平新时代中国特色社会主义思想学习纲要 [M]. 北京：学习出版社、人民出版社，2019

习近平总书记教育重要论述讲义 [M]. 北京：高等教育出版社，2020

习近平. 在庆祝中国共产党成立 100 周年大会上的讲话.《求是》2021（14）

教育部关于印发《完善中华优秀传统文化教育指导纲要》的通知 [Z]. 教社科〔2014〕3 号

中共教育部党组关于印发《高校思想政治工作质量提升工程实施纲要》的通知 [Z]. 教党〔2017〕62 号

教育部等八部门关于加快构建高校思想政治工作体系的意见 [Z]. 教思政〔2020〕1 号

中共教育部党组印发《教育系统关于学习宣传贯彻落实〈新时代爱国主义教育实施纲要〉的工作方案》的通知 [Z]. 教党〔2020〕11 号

教育部办公厅 中央文明办秘书局关于印发《全国高校文明校园测评

细则》的通知 [Z]. 教思政厅〔2017〕21 号

马晓燕. 基于实践体验的红色文化资源育人功能探究 [J]. 思想理论教育. 2019（2）

王双，李慧. 文化育人视域下的高校文化建设 [J]. 中国成人教育. 2017（16）

王孝华. 高校文化育人的实践探索——以文化传承"四步曲"为例 [J]. 文化创新比较研究. 2019（35）

王思琳. 新时代煤炭高校文化育人研究——以西安科技大学为例 [D]. 西安科技大学，2020

王振. 改革开放以来高校文化育人的回顾与思考 [J]. 思想理论教育. 2018（12）

王斌，李国良. 培育精技强能的善建者——山东城市建设职业学院鲁班文化育人研究与实践 [J]. 中国建设教育. 2017（1）

王君毅，袁轩宇. 鲁班文化读本 [C]. 长沙：湖南大学出版社，2021

王智超，周佼佼. 关于深入推进新时代高校文化育人的思考 [J]. 佳木斯职业学院学报. 2020（7）

王慧媛. 高校文化育人实效性研究 [D]. 西南科技大学，2019

方桐清. 高职院校文化育人价值取向研究 [D]. 中国矿业大学，2020

尤学文. 文化育人 [C]. 银川：宁夏人民出版社，2015

邓军等. 高校思想政治工作质量提升理论与实践（文化育人卷）[M]. 广西师范大学出版社，2019

邓礼琴，赵银生. 职业院校如何培养学生工匠精神 [J]. 现代教育. 2016（8）

孔祥慧. 新时代大学生思想政治教育的文化育人理念及其强化 [J]. 思想政治教育研究. 2019（1）

孔宝根. 高职院校培育"工匠精神"的实践途径 [J]. 宁波大学学报（教育科学版）. 2016（3）

邓菁菁. 文化哲学视域下高校文化育人路径探索——基于 00 后大学生群体特点 [J]. 黑龙江教育（高教研究与评估）. 2021（6）

卢秀峰. 新时代高校文化育人的意蕴与实践路径探索 [J]. 吉林广播电视大学学报. 2021（3）

史金虎，秦益霖，王海燕. 新时代职业院校文化育人体系的重构：现实、原则与路径 [J]. 职教通讯. 2021（5）

冯刚，孙雷. 新时代高校校园文化建设概论 [M]. 北京：光明出版社，2018

冯刚. 新时代文化育人的理论考察 [J]. 学校党建与思想教育. 2019（5）

宁凯. 新时代大学的文化自信教育策略研究 [D]. 哈尔滨师范大学，2018

申莹，邵爱婷. 高校法治文化育人体系的探索及构建 [J]. 科学咨询（科技·管理）. 2020（12）

成尚荣. 文化育人的核心要义与主要路径 [J]. 中国德育. 2019（7）

同宇. 高职院校文化育人体系的建构及实证研究 [J]. 陕西教育（高教）. 2019（4）

刘小旦，李山岗. "三位一体"传统文化育人体系的构建与实践——以晋中学院为例 [J]. 晋中学院学报. 2021（6）

刘先春，赵洪良. 高校文化立德树人的育人功能研究 [J]. 思想教育

研究．2018（12）

刘莲香．新时代思想政治教育文化共同体的构建：内涵、境遇与路径 [J]．学术探索．2020（7）

刘萌．高校优秀传统文化育人体系构建路径研究——以曲阜师范大学为例 [J]．汉字文化．2021（7）

刘彩娜，刘楠楠．文化自信视域下高校文化育人提升机制研究 [J]．边疆经济与文化．2021（8）

任世强．大学文化的育人功能及实现路径 [J]．光明日报．2013-12-01．07 版

汤小燕,李科举,孟闯.新时代农业高职院校文化育人的研究与实践[J]．职业技术．2021（3）

孙成武．文化自信与新时代大学精神的培育和发展问题探析 [J]．东北师大学报（哲学社会科学版）．2019（3）

孙秀玲．新疆红色资源在高校文化育人中的价值研究 [J]．新疆师范大学学报（哲学社会科学版）．2018（4）

严敏，邓欢．试析高校校园文化育人体系的优化 [J]．学校党建与思想教育．2021（8）

李生．建筑类高职院校思政课与建筑文化融合育人的建构逻辑与实践路径 [J]．高教论坛．2020（9）

李里丁．传承鲁班文化 提升行业素质 [N]．中国建设报．2016-06-13．05 版

李西京．中华优秀传统文化融于高校校园文化建设研究 [D]．西安科技大学，2019

李国江. 鲁班文化传统内涵及现代价值 [J]. 人文天下. 2017（22）

何静. 工匠精神与高等职业教育研究——以天津电子信息职业技术学院为例 [J]. 三门峡职业技术学院学报. 2016（3）

杨光辉，尚慧萍，王丽虹. 高职院校文化育人："劳模工匠精神"培育可行性路径研究 [J]. 现代职业教育. 2020（48）

吴月齐. 校园文化构成的双向度：高校文化育人的主要途径 [J]. 黑龙江高教研究. 2017（9）

吴伟泉，陈岚. "水韵莲花"：高校文化育人守正创新的探索实践 [J]. 曲艺. 2020（7）

张玉红，成军，黄少华. 工匠精神引领高职院校文化育人体系构建路径研究 [J]. 大学. 2021（26）

张红丽，王红. 新时代高职院校文化育人共同体建设 [J]. 当代职业教育. 2019（6）

张红丽，韦冬余. 新时代学校文化育人体系建构的内涵、价值与路径 [J]. 教学与管理. 2019（33）

张妍妍，高强. 高职院校校园文化活动育人体系构建研究 [J]. 教育理论与实践. 2018（24）

张海明. "一经一纬四横四纵"高职院校文化育人模式的创新与实践 [J]. 广西职业技术学院学报. 2020（4）

张博卿. 思想政治教育的文化功能研究 [D]. 哈尔滨理工大学. 2017

张之稳，张中杰. 新时代文化自信视域下高校校园文化育人途径探析——以山东建筑大学为例 [J]. 教育现代化. 2018（63）

陈立丽，刘骞，毛巧奕. 优秀传统文化融入高职院校育人工作的实践

与思考——以海南工商职业学院为例[J].湖北开放职业学院学报.2021（17）

陈选勇."立德树人"视角下的大学文化建设研究[D].云南师范大学，2015

林波.新时期高职院校文化育人工作路径探析——以弘扬脱贫攻坚精神为例[J].教育观察.2021（26）

畅军亮.短视频APP推动高校网络文化育人的特点及其引导策略[J].思想理论教育.2019（4）

赵元,伍丹阳.传承优秀传统文化　构建文化育人体系[J].科教文汇（中旬刊）.2021（5）

赵宝新，杨丽娜，赵丽新，张静.坚定文化自信视域下高校文化传承创新职能实现路径[J].西部素质教育.2020（13）

赵婀娜，张烁.立德树人有道　春风化雨无声——党的十八大以来高校思想政治工作综述[N].人民日报.2016-12-7.01版

赵琛.大学生思想政治教育文化载体运用问题研究[D].吉林农业大学，2018

郝保权.明晰新时代文化育人的内在逻辑结构[J].中国高等教育.2019（1）

洪娟.高职院校文化育人共同体的实践路径与探索[J].继续教育研究.2021（6）

陶国礼.新时期高校法治文化育人策略研究[J].2019年南国博览学术研讨会论文集（二）

骆小婷.法治文化在高校文化育人建设中地位的探讨[J].江西电力职业技术学院学报.2018（5）

景艳.以"法治文化育人"为契机　提升大学生法治素养[J].法制博

览．2018（4）

秦在东，唐佳海．新时代提升文化育人质量的基本方略 [J]．思想理论教育．2019（6）

贾洪岩，刘惠娟．工匠精神培养与高职校园文化建设融合育人机制研究 [J]．改革与开放．2018（10）

温景文，傅柏权，潘红．基于鲁班精神的建筑应用型人才培养途径研究 [J]．沈阳建筑大学学报（社会科学版）．2021（2）

侯延香，韩云忠，裘方晓．鲁班工匠文化传播的数字化路径 [J].城市建筑．2020（27）

郭庆军，吴杰．建筑行业"工匠精神"的传承与发展 [J] 建筑经济．2017（5）

徐茜妍．试论红色文化融入高校育人体系的价值维度与实践维度 [J].汉字文化．2021（7）

高长江，刘任熊．以工匠精神为引领的高职校园文化育人体系的构建 [J]．黑龙江生态工程职业学院学报．2021（9）

高宏赋．高等教育普及化趋势下民办高校文化育人路径探析 [J]．中国成人教育．2018（01）

高颖．新时代高校文化育人体系构建研究 [D]．吉首大学，2020

钟艳红，袁希．高职院校文化育人认知与行动 [M]．北京：光明日报出版社，2021

涂爱荣．新时代文化育人研究 [M]．北京：九州出版社，2021

唐会丽．鲁班文化的德育功能研究 [D]．吉林建筑大学，2019

郭红．新时代高职院校红色文化育人途径探索 [J]．河北青年管理干

部学院学报．2021（5）

郭治鹏．高校文化资源在大学生思想政治教育中的作用探析 [J]．高教学刊．2020（24）

郭望远．新时代高校文化育人理论与实践研究 [D]．黑龙江大学，2020

陶绍兴．文化育人：高职院校高质量发展的必由之路 [J]．芜湖职业技术学院学报．2021（2）

黄翠萍．新时代高职院校文化育人的实现路径探析 [J]．佳木斯职业学院学报．2020（11）

常宝玺．新时代高校文化育人逻辑及其实践研究 [D]．华东师范大学，2020

曾长秋，张金荣．世界文化概论 [M]．长沙：中南大学出版社，2012

彭立威，高艳青．用地方优秀传统文化涵育大学生核心价值观的路径研究 [J]．国家教育行政学院学报．2017（12）

景石红．高职院校校园文化育人方法与路径研究 [D]．西南科技大学，2020

程刚．新时代高校文化育人途径探析 [J]．思想理论教育导刊.2018（10）

舒文琼，李梅峰．立德树人视域下高校文化育人的功能实现研究 [J]．教育观察．2019（27）

蔡婵．鲁班文化与思政课程教学协同育人的实践研究 [M]．大学.2021（28）

袁轩宇，彭艳芳．构建"六位一体五翼同辉"的鲁班文化育人实践体系——以湖南城建职院鲁班文化育人实践体系建设为例 [M]．教育现代

化．2020（33）

满炫．"以文化人"理念下高校文化育人目标的价值取向及科学设定 [J]．江苏高教．2018（5）

熊焱生，卢雷．新时代高校文化育人的协同机制及其实现路径 [J]．常州工学院学报（社科版）．2020（3）

潘秀秀．关于高校文化育人功能的实现路径 [J]．山东农业工程学院学报．2020（4）

任永辉．建设类高职院校校园文化建设的实践与探索——以湖南城建职业技术学院为例 [J]．理论观察．2014（2）

任永辉．建设类高职院校校园环境文化建设的思考 [J]．理论观察．2014（3）

任永辉．建设类高职院校职业文化建设的实践与探索 [J]．教育教学论坛．2014（5）

任永辉．大学生廉洁文化教育读本 [M]．哈尔滨：哈尔滨工程大学出版社．2014

任永辉．建设类高职院校校园文化建设核心内涵与实施载体 [J]．教师．2014（20）

任永辉．将廉洁文化教育纳入高校思政课教学的探讨 [J]．读与写（教育教学刊）．2015（2）

任永辉．建设类高职院校特色校园文化建设研究——以湖南城建职业技术学院为例 [J]．科学大众（科学教育）．2015（5）

任永辉．高职院校大学生思想政治教育研究 [M]．西安：西安交通大学出版社，2015

任永辉. 建设类高职院校校企文化对接与融合摭谈 [J]. 读与写（教育教学刊）. 2016（11）

任永辉.高校廉洁文化进校园的实施途径研究[J].成才之路.2016（19）

任永辉. 用鲁班精神引领建设类高职院校精神文化建设的实践 [J]. 现代职业教育. 2016（21）

任永辉.立德树人与高校廉洁文化进校园摭谈[J].山西青年.2016（22）

任永辉. 革命文化与大学生理想信念教育研究 [J]. 广西青年干部学院学报. 2020（3）

任永辉. 思想政治教育的精神引领及其实现路径 [J]. 中学政治教学参考. 2020（9）

任永辉. 立德树人视域下高校文化育人质量提升体系构建路径研究 [J]. 知识经济. 2020（20）

曾红梅，任永辉. 红色文化资源融入高校实践育人的路径探索 [J]. 青年时代. 2020（24）

后
记

    以文化人以文育人是加强高校思想政治工作的重要举措，着力发挥中华优秀传统文化、革命文化和社会主义先进文化的引领作用，构建文化育人质量提升体系，增强师生文化自觉、坚定文化自信，对落实立德树人根本任务、培养高素质创新型人才提供了重要文化支撑。

    笔者长期致力于高校校园文化建设、思想政治工作的研究与实践，湖南城建职业技术学院校园文化建设的总体方案、校训用语等皆出自笔者之手。2020年申报立项湖南省高校思想政治工作骨干队伍建设项目（20GG018）确定实践创新主题时选定的方向为"新时代高校文化育人的理论与实践"，具体围绕"新时代高校文化育人质量提升体系"和"鲁班文化育人实践体系"两个项目进行，本书是该项目实施过程中取得的理论与实践成果的总结。

    本书分为"文化育人的理论探讨""文化育人的实践探索"和"文化育人的案例探微"三章，从内容上看，既有文化育人的理论研究，又有文化育人的实践总结，还有文化育人的特色案例，希望能够为高校构建文化育人质量提升体系、提高思想政治工作质量提供一定的理论依据和实践指导。

在项目实施以及本书写作过程中，我参考并引用了国内众多学者的研究成果与文献资料，虽然在参考文献中作了标注，但难免挂一漏万，在此向大家表示最衷心的感谢。

由于水平有限，本书难免有一些问题和不足，恳切希望专家学者和读者朋友批评指正。

任永辉

2021 年 12 月